教育部国别和区域研究系列丛书
北京语言大学国别和区域研究院
丛书主编：罗 林

阿联酋发展模式研究

A STUDY OF THE DEVELOPMENT MODEL OF THE UNITED ARAB EMIRATES

史廪霏◎著

时事出版社
北京

本书系国家社科基金重大项目"阿拉伯史学经典《历史大全》的汉译与研究"(19ZDA238)的阶段性成果,并受北京高校高精尖学科建设项目资助。

序

随着我国"一带一路"合作倡议不断深化，中东地区国家在倡议项目中扮演越来越重要的角色，在携手同行、实现共赢的理念下，共同塑造"一带一路"合作倡议样板地区。阿联酋作为与我国合作领域最为多样化的国家之一，在国家富裕、政治稳定的表征下，存在值得深入研究的发展模式和发展特点。研究阿联酋发展模式，不仅对区域国别研究有理论贡献，而且对中国阿联酋合作以及"一带一路"倡议发展有着重要的现实意义。

《阿联酋发展模式研究》一书，是史廪霏老师读博士期间研究成果完善而来，该书从发展政治学视角，审视阿联酋政治结构、利益表达和政治文化，梳理发展脉络和历史沿革，搭建起较为成熟的理论框架。通过文献比对和数据收集，对阿联酋经济发展、社会发展进行阐述，形成全面的社会画像和数据支撑，让该书有较强的学术性和应用性。在该书结尾，提出世俗化包容性政治制度、提升公民国家认同、政府资金保障下的多元化经济尝试、建立全面的社会保障体系、服务于国内发展的对外政策等因素，共同形成了阿联酋发展模式。基于发展模式分析，提出重要的影响因素和未来或将面临的挑战，并以此为切入点，从咨政建言角度研提中国阿联酋合作几点思考。

回顾此书内容，也能看到区域国别研究学科发展探索的过程。史廪霏作为我的博士生，学习期间伴随区域国别学科建设、语言学科人才培养改革和学校新学科建设过程，在博士期间以扎实的阿拉伯语、世界史知识为基础，融汇政治学、文化学课程培养，加强社会科学研究方法尤其是定量研究和分析技术能力，为区域国别学科发展作出良好尝试，也为她的学术成长打下良好基础。

随着时代的发展和我国综合国力的增强，区域国别研究根植国家利益所需、解决现实问题所盼的重要性不断凸显。在坚持为党育人、为国育才，全面提高人才自主培养质量，着力造就拔尖创新人才的时代要求下，如何建设和发展区域国别研究，促进中国智慧与世界文明的交融互构，为新时代全球治理提供智力支持，推动构建人类命运共同体，提供源源不断的高水平人才供给，是区域国别研究人员应该思考实践的时代命题。近期，史廪霏老师在政治过程理论分析、舆情传播特征和大数据研究等方面有高水平论文发表，祝愿她能够不断凝练所学，在区域国别研究领域发表更多优秀成果。

是为序。

2022 年 5 月 10 日
于北语国别院

目录 Contents

绪 论
  一、选题意义 / 1
  二、发展研究与结构－功能主义 / 3
  三、国内外研究现状 / 8

第一章 阿联酋现代民族国家的建立
  第一节 民族国家建立前的部落社会 / 17
  第二节 英国的殖民统治 / 19
  第三节 民族国家的构建历程 / 24
  第四节 石油开发与阿联酋发展模式 / 26

第二章 阿联酋的政治结构和制度
  第一节 阿联酋政治结构及其功能发展 / 30
  第二节 阿联酋联邦制的确立与巩固 / 38
  第三节 阿联酋政治改革的举措与实践 / 46
  第四节 阿联酋政治制度的特点与问题 / 50

第三章　阿联酋的政治参与和利益表达

第一节　阿联酋公民的政治参与 / 54

第二节　阿联酋的利益集团 / 56

第三节　阿联酋的政治运动 / 60

第四节　阿联酋的选举制度 / 67

第五节　阿联酋政治参与的特点与问题 / 76

第四章　阿联酋的政治文化和社会化

第一节　阿联酋政治文化倾向分析 / 79

第二节　阿联酋政治社会化因素分析 / 86

第三节　阿联酋政治文化与政治发展 / 93

第五章　阿联酋的经济转型策略

第一节　多元化的经济发展战略 / 95

第二节　雄厚的主权财富基金支持 / 100

第三节　各酋长国的特色发展道路 / 104

第六章　阿联酋的社会发展模式

第一节　阿联酋的社会阶层 / 112

第二节　包容的价值理念 / 120

第三节　全面的社会福利保障 / 124

第七章　阿联酋的对外政策表现

第一节　深化与美国的安全合作关系 / 129

第二节　奉行主动务实的周边外交政策 / 132

|第三节　加强与欧亚国家的经贸能源合作 / 138

结论与思考
|一、阿联酋发展模式的特点 / 142
|二、阿联酋发展模式的影响因素 / 147
|三、阿联酋发展模式面临的挑战 / 151
|四、阿联酋发展模式与中阿合作 / 154

主要参考文献 / 156

后　记 / 170

绪 论

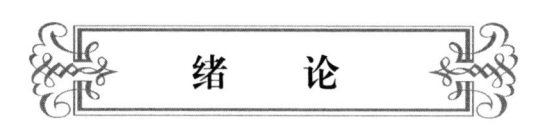

一、选题意义

阿联酋自1971年摆脱英国殖民统治并独立建国以来,国内的政治、经济、文化水平得到全方位发展。在新冠肺炎疫情暴发前的2019年,阿联酋人均国民收入达70240美元,在全球最富有国家中位列第七,国内生产总值为4211亿美元,在全球206个国家中排名第30。[①] 据洛桑管理学院发布的《世界竞争力年报》显示,2020年阿联酋在全球排名第九,从2017年起已连续第四年排名中东和北非地区第一。[②] 建国50多年来,阿联酋从一个以采珠、游牧为主业的海湾小国发展成该地区乃至世界十分富裕的国家之一。

阿联酋的政治体制比较特殊,是阿拉伯世界中唯一一个由酋长国组成的联邦制国家,也是世界上唯一一个以酋长国名称加入联合国的国家。独

[①] 《2019年阿联酋人均国民收入达70240美元》,中华人民共和国商务部网站,2020年9月2日,http://www.mofcom.gov.cn/article/i/jyjl/k/202009/20200902998099.shtml。(上网时间:2022年1月19日)

[②] 《2020年阿联酋"世界竞争力"排名第九名》,中华人民共和国商务部网站,2020年6月22日,http://ae.mofcom.gov.cn/article/ddgk/jbqk/202006/20200602976630.shtml。(上网时间:2022年1月19日)

特的联邦体制使得阿联酋的发展模式不同于其他的阿拉伯国家。一方面，阿联酋建国 50 多年来政局基本稳定，以至 2010 年底开始席卷整个阿拉伯地区的反政府浪潮也未对阿联酋造成较大影响。作为世俗化的阿拉伯国家，阿联酋的包容开放程度在阿拉伯国家中也相对较高，国内的法律制度完善，政府腐败程度较低，未来的发展态势良好。另一方面，如果以传统意义上的民主指标来衡量，阿联酋还不能称作一个"民主"国家。与很多早已实行选举制度的阿拉伯国家相比，阿联酋在这方面的探索显然缓慢很多，2006 年阿联酋联邦国民议会才开始通过投票选举的方式产生议员。联邦国民议会只是咨询机构，没有立法权，且实行选举后，40 名议员中只有一半是通过间接选举产生的，还有半数仍由各酋长国酋长指定。现在看来，阿联酋采取的是一种比较成功的发展策略，其独特的发展模式基本适合本国的国情。我们不能以传统的思维去衡量评判它，而应该结合历史与文化去考察它。

那么，阿联酋的发展模式究竟是什么？什么样的发展模式使得阿联酋取得如此快速的进步？本书试图从发展政治学结构功能主义视角研究阿联酋的发展模式，从中探索阿联酋政治转轨与经济腾飞、社会转型之间的关系，以期揭示阿联酋特殊的发展规律和策略，找出影响阿联酋发展的因素和未来将面对的挑战。阿联酋摆脱殖民统治、建立民族国家后迅速开启现代化进程，此时正值第二次世界大战后世界范围的现代化浪潮蓬勃发展之际，阿联酋独特的发展模式可以为现代化理论提供案例支持，丰富发展政治学的研究内容。同时，阿联酋位于"丝绸之路经济带"和"21 世纪海上丝绸之路"的交叉口，阿联酋独特的地理位置、政府开放的治理理念和在中东地区难能可贵的稳定的国内局势，使其成为"一带一路"倡议的天然合作伙伴。研究阿联酋发展模式，可以为中国与阿联酋的合作提供有益参考，因此，研究阿联酋发展模式不仅具有重要的理论价值，也具有重要的现实意义。

绪　论

二、发展研究与结构 - 功能主义

（一）政治发展概念的内涵

本书的研究对象是阿联酋的发展模式。发展研究产生于 20 世纪 50 年代，二战后独立的民族国家纷纷开启现代化进程，寻找新的发展模式、制定新的现代化策略成为这些国家面临的首要问题。发展问题也引起学者的普遍关注，产生各种与发展有关的政治理论、经济理论和社会理论，以塔尔科特·帕森斯（Talcott Parsons）、西里尔·E. 布莱克（Cyril E. Black）、塞缪尔·P. 亨廷顿（Samuel P. Huntington）、沃尔特·惠特曼·罗斯托（Walt Whitman Rostow）等为代表的学者出版了一批有影响力的学术著作。

在此背景下，政治学领域的学者们提出了政治发展概念，重点关注后发展国家从传统政治到现代政治的转型，认为国家现代化的核心是政治现代化。政治发展研究是一门综合性研究，其主要内容包括政治民主化、政治稳定、政治文化、政治发展与社会经济发展之间的关系等。然而，由于政治发展概念难以标准化和定量化，学术界对于政治发展这一概念的界定存在不同的解释，这反映了不同学者关于政治发展的分析框架和发展观的不同认知。

西方学者中，加布里埃尔·A. 阿尔蒙德（Gabriel A. Almond）认为政治发展包含三个方面的内容，一是政治结构的分化，二是政治文化的世俗化，三是政治体系决策和执行政策的能力的提高。[1] 亨廷顿认为政治发展的主要内容是政治制度化程度和政治参与水平的提高。[2] 鲁恂·W. 派伊（Lucian W. Pye）将不同学者对政治发展的理解总结为十个方面：经济发

---

[1] 参阅［美］加布里埃尔·A. 阿尔蒙德、小 G. 宾厄姆·鲍威尔著，曹沛霖等译：《比较政治学——体系、过程和政策》，上海译文出版社 1987 年版。

[2] 参阅［美］塞缪尔·P. 亨廷顿著，王冠华等译：《变化社会中的政治秩序》，上海人民出版社 2008 年版。

展的政治条件、工业社会典型政治形态的生成过程、政治现代化、民族国家的运转和建设过程、国家行政与法律方面的发展、政治动员与政治参与的过程、民主政治建设、稳定有序的政治变迁、政治系统能力的提高和多元社会的变迁。[①] 中国学者对于政治发展的定义借鉴了西方学者的观点，又引入马克思主义的理论视角。王浦劬认为政治发展是政治关系的变革和调整，它意味着政治关系各种外延形态和表现形式的发展变化，指出政治革命和政治改革是政治发展过程的两种形式。[②] 王惠岩将政治发展定义为政治关系和政治结构的调整与变革，认为政治发展是由生产力和生产关系的矛盾运动引起的。[③] 中国台湾学者陈鸿瑜在总结不同学者对政治发展看法的基础上，对政治发展的内涵做了较为全面的解释："政治发展的概念可界定为一个政治系统在历史演进过程中，其结构渐趋于分化，组织渐趋于制度化，人民的动员参与支持渐趋于增强，社会愈趋于平等，政治系统的执行能力也随之加强，并能渡过转变期的危机，使政治系统之发展过程构成一种连续现象。"[④]

由此可见，政治发展这一概念本身包含的内容十分广泛，有关政治发展概念的界定依然没有统一的论断。综上所述，可以不将政治发展看作精确的包含若干指标体系的分析概念，而是将其作为一种变化的方向，政治体系在历史演进中做出的任何改善现状的努力和结果都可归入其中。

（二）政治发展理论与结构－功能主义

在政治发展研究的黄金时期，按照理论框架和研究方法的不同，可将该领域的研究分为三大流派。一是阿尔蒙德提出的结构－功能方法，其将系统理论和结构功能主义相结合，构造研究政治体系的总体模式，代表人

---

① ［美］鲁恂·W. 派伊著，任晓等译：《政治发展面面观》，天津人民出版社2009年版，第49—61页。
② 王浦劬：《政治学基础》，北京大学出版社1995年版，第375页。
③ 王惠岩：《政治学原理》，高等教育出版社1999年版，第249页。
④ 陈鸿瑜：《政治发展理论》，台北桂冠图书股份有限公司1987年版，第30页。

物和著作有：阿尔蒙德和詹姆斯·S. 科尔曼的《发展中地区的政治》、弗雷德·W. 里格斯（Fred W. Riggs）的《发展中国家的行政管理》、戴维·伊斯顿（David Easton）的《政治生活的系统分析》、戴维·E. 阿普特（David E. Apter）的《现代化政治》等。二是社会过程方法，其把政治发展和工业化、都市化、商业化、识字率、职业流动等社会发展过程中的各项指标联系起来，以经验为取向，进行因果分析和定量分析，代表人物和著作有卡尔·沃尔夫冈·多伊奇（Karl Wolfgone Deutsch）的《社会成员和政治发展》、菲利普斯·卡特莱特（Phillips Cutright）的《民族政治发展》等。三是比较历史方法，其侧重历史经验，主张从社会演化入手，对多个国家的发展类型进行比较研究，代表人物和著作有：西里尔·布莱克（Cyril Black）的《现代化的动力》、派伊的《政治发展面面观》、巴林顿·摩尔（Barrington Moore）的《民主和专制的社会起源》和亨廷顿的《变革社会中的政治秩序》。①

  结构–功能主义是在功能主义相关思想的基础上发展而成的。功能主义理论最早可追溯到奥古斯特·孔德（Auguste Comte）和赫伯特·斯宾塞（Herbert Spencer）。他们受生物学概念的启发，认为社会与生物有机体相似，是由各种结构组成的整体，社会系统的各部分需要协调地发挥各自功能，才能维持系统的良性运行。在此之后，功能主义理论经由埃米尔·杜尔凯姆（Émile Durkheim）、布伦尼斯洛·马林诺夫斯基（Bronislaw Malinowski）等学者进一步阐释，最终由美国社会学家帕森斯发展成一套全面系统的宏观性社会学理论。帕森斯的结构–功能主义主要包含两方面的内容：一是功能分析，即研究社会系统及其子系统应发挥的功能；二是结构分析，即研究社会结构如何实现社会系统的基本功能。美国政治学家阿尔蒙德则将社会科学领域结构–功能主义的研究方法引入政治学领域，提出一种描述和解释不同政治体系中的政治的方法：体系、过程和政策分析框架。他将所有的政治体系都抽象为具有相同的结构层次和履行同样的基本

---

① 王惠岩：《政治学原理》，高等教育出版社1999年版，第254页。

功能，创建了政治学的结构－功能主义模型，[①] 且认为政治发展的过程就是结构与功能相互适应的过程。阿尔蒙德反对之前的比较政治学学者将研究重点仅放在西方少数发达国家，试图建立涵盖任何一种政治系统的理论和方法，无论这种政治系统是民主的还是非民主的，发达的还是发展中的。阿尔蒙德的政治发展理论在他与詹姆斯·科尔曼（James Coleman）合编的《发展中地区的政治》一书中首次提出，在《比较政治学——体系、过程和政策》一书中形成成熟的分析方法。阿尔蒙德的结构－功能主义分析方法以政治体系代替国家，重视对非正式机构和政治过程的研究，同时通过对政治发展的研究将政治体系置于动态过程中，使得研究具有一定的预测性，因此成为发展政治学研究中的三大流派之一。

20世纪70年代起，随着发展中国家政治发展的实际情况与理论研究出现脱节，发展主义范式受到越来越多的批判，各种新的研究范式纷纷出现，但没有哪个范式能占据主导地位，其中比较有代表性的有法团主义、新制度主义等。20世纪70年代中后期第三波民主化浪潮的出现催生民主转型、民主巩固等理论，使发展主义范式得到某种意义上的复兴。越来越多的学者开始认识到，没有一种单一的研究范式可以解释全世界各个国家复杂多变的政治行为，还要结合各个国家自身的文化、历史和传统进行研究，因此从宏观理论研究转而进入微观研究，注重对具体国别的具体问题进行研究。同时，长期以来政治发展研究也因其西方中心主义的倾向而被批判，因为政治发展和现代化的结果并非必然是西方的模式，不同国家发展的路径与方式会因其特殊的历史文化背景而有所不同。

综上所述，虽然阿尔蒙德的政治发展理论和结构－功能主义分析方法存在一定的不足，但政治发展研究后来的学者已经认识到并在纠正以往的问题，不断改进研究方法。这种理论和研究方法对研究发展中国家的发展问题仍具有一定的解释力，依然处在不断完善的过程中。本书选取结构－

[①] 参阅［美］加布里埃尔·A. 阿尔蒙德、小G. 宾厄姆·鲍威尔著，曹沛霖等译，《比较政治学——体系、过程和政策》，上海译文出版社1987年版。

功能主义分析方法作为主要的分析方法，鉴于阿尔蒙德的理论存在将人类各民族发展道路预设为一样的过程，缺乏对社会变革的解释等缺陷，本书注重考察阿联酋特殊的历史文化背景，在经济变革和社会变迁中探寻政治发展的动力。此外，还结合其他流派的观点，例如亨廷顿的政治秩序论，即发展中国家的政治发展依赖于有能力制衡政治参与和政治制度化的强大政府，从而达到政治制度化完善速度与扩大群众参与水平二者间的协调，① 以期对阿联酋的发展模式做出较为全面的研究。

（三）核心概念界定

为方便本书后面章节的展开，以下将对阿尔蒙德政治发展理论中的几个核心概念进行梳理和界定：

体系是指"各部分之间的某种相互依存以及体系同环境之间的某种界限"。② 与传统的国家概念不同，政治体系是一种特定类型的社会关系，它不仅包括政府的机构，如议会、法院和行政部门，也包括所有机构中与政治有关的方面，如政党、利益集团和大众传媒等。政治体系不是一个封闭的系统，而是"形成并贯彻一个社会或其中的群体的集体目标有关的一套机制和机构"，③ 受到国内环境和国际环境的影响。在有些版本的翻译中，它也被译为政治系统。

结构与功能：结构是政治体系的组成部分，"当讲到政治体系的结构时，所指的就是构成这一体系的各种活动，即具有某种行为、意图和期望的规则性的活动"。④ 政治结构可以分为三个层次：体系、过程和政策。阿

---

① 参阅［美］塞缪尔·P. 亨廷顿著，王冠华等译：《变化社会中的政治秩序》，上海人民出版社 2018 年版。
② ［美］加布里埃尔·A. 阿尔蒙德、小 G. 宾厄姆·鲍威尔著，曹沛霖等译：《比较政治学——体系、过程和政策》，上海译文出版社 1987 年版，第 6 页。
③ ［美］加布里埃尔·A. 阿尔蒙德、小 G. 宾厄姆·鲍威尔、拉塞尔·J. 多尔顿等著，顾肃等译：《当今比较政治学：世界视角》，中国人民大学出版社 2014 年版，第 32 页。
④ ［美］加布里埃尔·A. 阿尔蒙德、小 G. 宾厄姆·鲍威尔著，曹沛霖等译：《比较政治学——体系、过程和政策》，上海译文出版社 1987 年版，第 14 页。

尔蒙德认为，政党、利益集团、立法机构、行政机构、官僚和法院是政治体系中的六类政治结构。这些政治结构在政治体系中发挥的作用即为政治功能。结构履行功能，"这反过来又使政府制定、贯彻并执行其政策。政策反映目标，机构提供实现这些目标的手段"。① 政治体系发挥的功能可以从体系、过程和政策三个层次考察。其中，政治社会化、政治募员和政治沟通是体系层次的功能；利益表达、利益聚集、政策制定、政策实施是过程层次的功能；以税收等形式出现的各种资源的抽取、行为规制以及人口中各个群体的收益和服务的分配属于政策功能。

政治文化：阿尔蒙德认为政治文化"是一个民族在特定时期流行的一套政治态度、信仰和感情"。② 按照研究视角的不同，政治文化研究有不同的研究方式。阿尔蒙德在《公民文化——五个国家的政治态度和民主制》一书中，按照国民对"政治系统和系统各个部分的态度，以及对系统中自我角色的态度"③将政治文化分为村落（村民）地域型、臣民依附型和积极参与型。在《比较政治学——体系、过程和政策》一书中，他按照政治体系的结构功能层次将政治文化分为体系文化、过程文化和功能文化。体系文化涉及民族自豪、国家认同、政府合法性等，过程文化涉及公民角色和政治权利观念等，政策文化涉及政府角色和政府政策优先性等。

三、国内外研究现状

（一）国内研究现状

国内对于中东国家的发展问题多是从民主化和现代化的角度进行研究

---

① ［美］加布里埃尔·A. 阿尔蒙德、小 G. 宾厄姆·鲍威尔、拉塞尔·J. 多尔顿等著，顾肃等译：《当今比较政治学：世界视角》，中国人民大学出版社 2014 年版，第 34 页。
② ［美］加布里埃尔·A. 阿尔蒙德、小 G. 宾厄姆·鲍威尔著，曹沛霖等译：《比较政治学——体系、过程和政策》，上海译文出版社 1987 年版，第 29 页。
③ ［美］加布里埃尔·A. 阿尔蒙德、西德尼·维巴著，徐湘林等译：《公民文化——五个国家的政治态度和民主制》，东方出版社 2008 年版，第 12—13 页。

的，阿联酋的发展问题多以专题或案例形式散见于中东问题研究专著或论文中。在阿联酋国别研究方面，目前国内的研究成果大多分散在近代史、社会经济、文化教育、外交政策等领域，缺少运用政治发展理论专门对阿联酋发展模式进行系统研究的成果。

第一，从民主化和现代化方面研究中东国家的政治发展问题。王林聪的《当代中东伊斯兰国家民主化若干问题研究》[①]以土耳其、埃及、约旦、伊朗和沙特阿拉伯等国为例，从影响当代中东伊斯兰国家民主化进程的诸因素入手，对伊斯兰教、社会经济发展、威权主义与民主化的关系进行深入的分析和研究。论文指出，在伊斯兰教与民主化关系方面，虽然传统的伊斯兰政治文化对民主化是不利的，但这不是决定性的，因为伊斯兰文化中的许多因素，如舒拉、公议、创制等，是有益于中东国家民主化进展的。在社会经济发展与民主化关系方面，经济发展给中东国家的社会和政治带来一系列变化，为民主化提供了可能。但是，这种可能不是必然的，在中东国家社会转型的过程中，经济发展相对于政治发展是不平衡的，最终还要看经济发展能否推动社会结构深刻变化。论文以沙特阿拉伯为例，指出"仅仅看收入水平的变化是不够的，财富的来源、对财富的控制方式、由此引起的社会结构和人们意识的变化决定着民主化进程。这正是沙特阿拉伯等海湾国家收入水平超过或接近发达国家的收入水平，却仍然是不民主国家的主要原因"[②]。在政治运作系统方面，论文认为可以把正在或尚未向民主化转型的中东国家划分为：传统权威主义国家、现代权威主义、介于传统权威主义和现代权威主义之间的混合型或过渡型的政权形式。一方面，权威主义对中东伊斯兰国家的社会起着稳定作用，另一方面其又是民主化的障碍。另外，论文提到外部力量的干涉也是影响中东民主化进程的重要因素。论文有力地驳斥了西方学者的"中东例外论"，认为

[①] 王林聪：《当代中东伊斯兰国家民主化若干问题研究》，中国社会科学院研究生院博士学位论文，2003年。
[②] 王林聪：《当代中东伊斯兰国家民主化若干问题研究》，中国社会科学院研究生院博士学位论文，2003年。

"中东伊斯兰国家民主化的进展缓慢,有时停滞不前,恰恰说明其复杂性和曲折性,而非'例外'"。① 虽然论文没有涉及阿联酋,但是沙特阿拉伯的情况与阿联酋有相似之处,且论文提到的民主化诸变量对中东伊斯兰国家而言具有普遍性。

仝菲的《阿拉伯联合酋长国现代化进程研究》② 注重从历史的角度,对阿联酋经济、政治和社会等方面的现代化进程进行研究。其中,在对阿联酋政治民主化的研究中,重点分析了伊斯兰教和中产阶级与阿联酋政治民主化的关系。论文指出伊斯兰教具有与时俱进的自我协调能力,新兴的中产阶级是推动阿联酋政治民主化的内部力量。论文认为,"阿联酋的政治民主化进程严重滞后于快速发展的经济和社会现代化进程,已经成为全面实现国家现代化的羁绊,但是受各种复杂因素的限制,阿联酋的政治民主化进程只能按照循序渐进的步伐缓慢进行,否则会产生适得其反的效果"。③

彭树智的《伊斯兰教与中东现代化进程》④ 主要从历史发展的角度论述了伊斯兰教在中东现代化进程中的作用与影响。哈全安的《中东国家的现代化历程》⑤ 选取土耳其、埃及、伊朗和沙特阿拉伯为个案,探讨了中东现代化进程的基本模式和演进趋势,从物质环境、经济秩序、社会结构、政治生活和宗教思潮的不同层面分析中东诸国现代化进程中新旧因素的矛盾运动。王铁铮主编的《世界现代化历程·中东卷》⑥ 第四章中,将海湾六国的现代化模式总结为伊斯兰特色的现代石油工业国之路。田文林

---

① 王林聪:《当代中东伊斯兰国家民主化若干问题研究》,中国社会科学院研究生院博士学位论文,2003年,第115页。
② 仝菲:《阿拉伯联合酋长国现代化进程研究》,西北大学博士学位论文,2010年。
③ 仝菲:《阿拉伯联合酋长国现代化进程研究》,西北大学博士学位论文,2010年,第78页。
④ 彭树智:《伊斯兰教与中东现代化进程》,西北大学出版社1997年版。
⑤ 哈全安:《中东国家的现代化历程》,人民出版社2006年版。
⑥ 王铁铮主编:《世界现代化历程·中东卷》,江苏人民出版社2009年版。

的《抗拒与变迁——中东经济现代化的多维透视》[①]对中东经济现代化的动力和阻力分别进行了分析。

第二，从政权稳定性层面研究阿拉伯君主制国家的政治。丁隆的《阿拉伯君主制政权相对稳定的原因探析》[②]将阿拉伯君主制国家政权保持稳定的主要原因归于传统的政治合法性、地租型经济，以及以家族和部落为核心的政治联盟和外部力量支持，同时指出阿拉伯君主制国家在政治、经济、社会领域仍面临诸多挑战，未来还需通过改革来适应经济的发展和社会的变迁。这一方面的研究成果还有艾林的《当代沙特阿拉伯王国的社会不稳定因素研究》[③]等。

第三，从政治、经济、社会、外交以及文化教育等某一领域研究阿联酋国内问题与对外政策。政治领域的有关研究主要围绕阿联酋政治体制本身所涉及的诸因素展开。余崇健的《阿联酋的国家政治制度及其特点》[④]介绍了阿联酋的政治制度，从各酋长国自主性、家族政治、经济实力、总统权力及政教合一等方面分析了阿联酋政治制度的基本特点。黄振的《列国志·阿拉伯联合酋长国》[⑤]和蔡伟良、陈杰的《当代阿拉伯联合酋长国社会与文化》[⑥]中有专门章节介绍阿联酋政治领域的相关情况。彭树智主编的《中东国家通史·海湾五国卷》[⑦]第九章中，对阿拉伯联合酋长国建国后政治制度的发展进行了梳理。李俊清等编著的《阿拉伯联合酋长国：政府与政治》[⑧]对阿联酋政权组织形式和行政管理体系的相关资料进行了

[①] 田文林：《抗拒与变迁——中东经济现代化的多维透视》，《阿拉伯世界研究》2001年第3期。
[②] 丁隆：《阿拉伯君主制政权相对稳定的原因探析》，《现代国际关系》2013年第5期。
[③] 艾林：《当代沙特阿拉伯王国的社会不稳定因素研究》，北京外国语大学博士学位论文，2013年。
[④] 余崇健：《阿联酋的国家政治制度及其特点》，《西亚非洲》1992年第4期。
[⑤] 黄振：《阿拉伯联合酋长国》，社会科学文献出版社2015年版。
[⑥] 蔡伟良、陈杰：《当代阿拉伯联合酋长国社会与文化》，上海外语教育出版社2007年版。
[⑦] 钟志成：《中东国家通史·海湾五国卷》，商务印书馆2007年版。
[⑧] 李俊清、孙婷、姚伟达：《阿拉伯联合酋长国：政府与政治》，世界知识出版社2012年版。

整编。

经济领域的有关研究主要是从阿联酋经济多元化发展的角度展开的，主要成果有张玫的《海湾六国可持续发展及其对中国的启示》[1]、薛英杰的《阿联酋海洋经济研究》[2]、张明生的《迪拜多样化经济发展研究》[3] 等；社会领域的研究成果重点对阿联酋主要的社会问题和现象进行讨论，如陈杰的《海湾外籍劳务现状及其发展趋势》[4]、吴晓芳的《纳哈扬家族和阿布扎比酋长国》[5] 和《马克图姆家族和迪拜酋长国》[6] 等；外交领域的研究主要聚焦阿联酋近年来对外政策的改变，分析其原因与影响，如丁隆的《阿以建交开启中东地缘政治新格局》[7] 和孙德刚、喻珍的《从威胁平衡到多元平衡："新中东"视野下的阿联酋对冲战略》[8] 等；文化教育领域的研究主要涉及阿联酋著名文化和高等教育机构，如蔡伟良的《阿联酋文化事业发展现状研究》[9]、蒋传瑛的《阿联酋旅游业发展模式研究》[10] 以及萨里姆和马斯佳的《阿联酋高等教育发展的现状、特色与趋势研究》[11] 等。

（二）国外研究现状

与国内相比，国外关于阿联酋的研究成果较为丰富。与中国学者不同，西方学者对阿联酋发展模式的关注主要集中在政治结构所发挥的政治功能上。但西方学者在研究阿联酋政治发展时，常以西方代议制民主作为

---

[1] 张玫：《海湾六国可持续发展及其对中国的启示》，《阿拉伯世界研究》2008 年第 3 期。
[2] 薛英杰：《阿联酋海洋经济研究》，《海洋经济》2015 年第 4 期。
[3] 张明生：《迪拜多样化经济发展研究》，北京外国语大学博士学位论文，2015 年。
[4] 陈杰：《海湾外籍劳务现状及其发展趋势》，《阿拉伯世界研究》2007 年第 5 期。
[5] 吴晓芳：《纳哈扬家族和阿布扎比酋长国》，《世界知识》2010 年第 5 期。
[6] 吴晓芳：《马克图姆家族和迪拜酋长国》，《世界知识》2010 年第 5 期。
[7] 丁隆：《阿以建交开启中东地缘政治新格局》，《人民论坛》2020 年第 29 期。
[8] 孙德刚、喻珍：《从威胁平衡到多元平衡："新中东"视野下的阿联酋对冲战略》，《西亚非洲》2021 年第 2 期。
[9] 蔡伟良：《阿联酋文化事业发展现状研究》，《阿拉伯世界研究》2006 年第 2 期。
[10] 蒋传瑛：《阿联酋旅游业发展模式研究》，《阿拉伯世界研究》2011 年第 5 期。
[11] 萨里姆、马斯佳：《阿联酋高等教育发展的现状、特色与趋势研究》，《比较教育研究》2015 年第 12 期。

政治发展的最终目标,因此存在不够客观的问题。

第一,从阿联酋政治发展史角度开展研究。德国历史学家弗兰克·哈德贝(Frauke Heard-Bey)的《从特鲁西尔诸国到阿拉伯联合酋长国》① 深入研究了阿联酋从石油发现前特鲁西尔诸国传统的生活方式,到在阿拉伯世界建立起稳固的联邦体制的历史过程,被认为是研究半岛国家社会发展史的代表作。作者长期在阿联酋生活和工作,对阿联酋发生的巨变的背景具有深刻的理解。该书前四章介绍了阿联酋建国前的地理环境、部落结构、部落社会行政管理体系、社会的伊斯兰教基础等内容,并以阿布扎比酋长国为例做了详细分析。第五、六两章讲述了传统经济,第七章以迪拜为例研究了酋长国的社会发展,第八章简述了特鲁西尔诸国时期外部势力的干预,后两章主要涉及联邦建立和建成后政治发展情况。该书内容丰富,对于本书研究阿联酋政治文化和政治结构具有较强的借鉴意义。

第二,从阿联酋政治体系角度开展研究。美国学者克里斯蒂安·科茨·乌里克森(Kristian Coates Ulrichsen)的《阿联酋:政权、政治和政策制定》② 指出,由7个酋长国构成的阿联酋代表了最成功、最持久的阿拉伯联邦制实践,但是2008年金融危机加剧了阿布扎比、迪拜和其他5个酋长国之间持续的不平衡。同时,2011年后的安全打击行动显示了阿布扎比官方对于联邦社会不平等、经济不平衡等问题的敏感性。该书主要讨论了联邦构建的过程以及政治和经济的发展,这使得阿联酋成为中东剧变和北非政治洗牌后重要的地区力量,同时也是美国在地区军事和安全事务方面的忠实合作伙伴。该书还分析了阿联酋发展中存在的问题:劳工问题、对利比亚和也门的干涉、世界上最高的政治犯率等。该书最后讨论了未来阿联酋面对的政治挑战。弗兰克·哈德贝的《阿拉伯联合酋长国:传统社会

---

① Frauke Heard-Bey, "From Trucial States to United Arab Emirates", Dubai: Motivate Publishing, 2007.
② Kristian Coates Ulrichsen, "The United Arab Emirates: Power, Politics and Policy-Making", London: Routledge, 2016.

的民族国家构建》① 从阿联酋联邦政府与地方的关系、各酋长国之间的不平等、民族国家认同意识的构建、宪法与总统权威、民主与政治参与、市民社会与言论自由等方面分析了阿联酋政治体系,认为民主化在阿联酋不像在其他海湾国家那样紧迫。

第三,研究经济因素对阿联酋发展的影响。迈克尔·赫布(Michael Herb)的《官僚国家:科威特和阿联酋的政治参与与经济多元化》② 论述了阿联酋地租型经济模式和经济多元化发展对政治参与的影响。凯伦·E.杨(Karen E. Young)的《阿联酋的能源、金融和安全政治经济:议会和市场》③ 探讨了阿联酋金融、能源和安全部门的决策和执行过程,研究了非正式咨询网络在私营部门、联邦政治和对外关系中的作用。吉姆·克兰(Jim Krane)的《黄金之城:迪拜和资本主义之梦》④ 介绍了全球经济衰退对迪拜的影响。克里斯托弗·M. 戴维森的(Christopher M. Davidson)《迪拜:成功的脆弱性》⑤ 研究了在政治稳定和政府精心管理背景下迪拜实施开创性后石油开发战略的过程,指出迪拜未来可能出现的问题,例如为吸引持续的外国直接投资需要鼓励深远的社会经济改革,其中许多改革可能会影响传统君主制的意识形态、宗教和文化合法性。此外,他还分析了迪拜与各酋长国之间的尴尬关系,最后强调了迪拜成为该地区最成功自由港的一些隐性成本,即迪拜对国际犯罪组织、全球黑钱经济和恐怖主义的吸引力。

第四,从外交安全角度研究阿联酋政治发展的外部环境。威廉·A. 卢

---

① Frauke Heard – Bey, "The United Arab Emirates: Statehood and Nation – Building in a Traditional Society", Middle East Journal, Vol. 59, No. 3, 2005.

② Michael Herb, "A Nation of Bureaucrats: Political Participation and Economic Diversification in Kuwait and the United Arab Emirates", International Journal of Middle East Studies, Vol. 41, No. 3, 2009.

③ Karen E. Young, "The Political Economy of Energy, Finance and Security in the United Arab Emirates: Between the Majilis and the Market", New York: Palgrave Macmillan, 2014.

④ Jim Krane, "City of Gold – Dubai and the Dream Capitalism", New York: Picador, 2009.

⑤ Christopher M. Davidson, "Dubai: The vulnerability of success", New York: Columbia University Press, 2008.

伊（William A. Rugh）的《阿联酋外交政策》[①]认为，由于伊朗在海湾地区的传统野心、德黑兰的意识形态、武器获取计划、对恐怖主义的支持等原因，伊朗是阿联酋最严重的外部安全威胁。克里斯托弗·M.戴维森的《迪拜和阿联酋：安全威胁》[②]指出，虽然阿联酋在最近几十年里通过采购最先进的军事装备建立了阿联酋武装部队，但阿联酋的安全能力还不足以应对来自伊朗以及其他阿拉伯国家的地区威胁，因此阿联酋别无选择，只能依赖于西方的军事保护。

阿拉伯语文献中，阿拉伯学者主要从民主、政治改革等方面对海湾国家的政治体制进行研究。受西方影响，阿拉伯学者较为关注市民社会、社会组织在阿拉伯国家政治发展中发挥的作用。

第一，对阿拉伯国家政权性质及政治体制进行研究。黎巴嫩学者艾迪卜·尼阿迈的《战利品式国家与中东剧变》[③]探讨了中东剧变的政治原因，分析了阿拉伯国家的政权性质。首先，作者用"战利品式国家"来描述阿拉伯国家的政权性质。这种性质主要体现在世袭制度上，作者认为世袭制带来的社会关系、传统价值观的延续是政权合法性的来源。作者同时指出，"战利品式国家"改良后的世袭制度是现代国家理性合法的制度。与过去传统的世袭制不同，现代世袭制更依赖武力、统治、领导和忠诚。最后，作者认为"战利品式国家"是目前阿拉伯地区独有而普遍存在的政治体制，这种体制的形成有历史文化的原因，国家像战利品一样被分配给夺得政治势力的人。巴格尔·萨勒曼·纳贾尔的《阿拉伯湾的反叛民主》[④]分析了海湾国家社会和国家机构的性质，以及宗教团体、民间协会等社会组织的活动范围、筹资手段和工作方式，为未来海湾地区的政治改革提供

---

① William A. Rugh, "The Foreign Policy of the United Arab Emirates", Middle East Journal, Vol. 50, No. 1, 1996.
② Christopher M. Davidson, "Dubai and the United Arab Emirates: Security Threats", British Journal of Middle Eastern Studies, Vol. 36, No. 3, 2009.
③ أديب نعمة، الدولة الغنائمية والربيع العربي، دار الفارابي، بيروت، 2014.
④ باقر سلمان النجار، الديمقراطية العصية في الخليج العربي، دار الساقي للطباعة والنشر، بيروت، 2008.

预判。阿卜杜·拉赫曼·拉提夫·萨敏的《阿联酋政治与行政制度》[①] 研究了从英国统治时期到建国后阿联酋历史和政治的发展，涉及宪法制度、联邦最高委员会、政府行政机构、联邦组织和国有公司，以及各酋长国的行政制度，最后探讨了阿联酋联邦制度面临的挑战。

第二，研究影响海湾国家发展的经济因素。穆罕默德·鲁梅希的《海湾2025》[②] 对海湾国家未来发展进行探讨，分析了影响海湾未来发展状况的潜在因素，指出海湾地区长期以来依靠石油资源实现经济繁荣，意味着社会兴衰直接与石油价格挂钩。

第三，研究阿拉伯国家的市民社会与人权问题。穆萨·达乌德·塔里菲的《市民社会组织的挑战与前景》[③] 对阿拉伯市民社会发展现状做出客观评价，指出市民社会组织存在的意义是成为公民与政府之间的桥梁。优素福·哈桑编写的《阿联酋与人权》[④] 对阿联酋人权问题的各方面进行探讨，例如社会组织在维护人权方面的作用、阿联酋法律和宪法中的人权问题、妇女和儿童的人权等。

第四，研究海湾国家的政治发展历史。哈利德·巴夏姆的《啊，海湾岁月》[⑤] 讲述了19世纪末20世纪初海湾地区的历史，阿卜杜拉·格鲁姆·萨利赫的《海湾的软冲突》[⑥] 解析了1581年至20世纪70年代海湾地区被殖民统治的历史，约翰·B.凯利著、穆罕默德·艾敏·阿卜杜拉译的《英国与海湾》[⑦] 研究了1795—1870年间英国在海湾地区的殖民历史。

---

① عبد الرحيم عبد اللطيف الشامين، نظام الحكم والإدارة في الإمارات العربية المتحدة،مطبعة جلفار، رأس الخيمة، 1997.

② محمد الرميحي، الخليج 2025،دار الساقي للطباعة والنشر، بيروت، 2008.

③ موسى داوود الطريفي، تحديات وآفاق منظمات المجتمع المدني، دار فضاءات للنشر والتوزيع، عمّان، 2015.

④ يوسف الحسن (تحرير)، الإمارات العربية المتحدة وحقوق الإنسان، مركز الإمارات للبحوث الإنمائية والاستراتيجية،أبوظبي، 1999.

⑤ خالد البسام، يا زمان الخليج، دار الساقي للطباعة والنشر، بيروت، 2002.

⑥ عبدالله غلوم الصالح: الصراع الناعم في الخليج، منشورات ضفاف، بيروت، 2015.

⑦ جون ب كيلى (تأليف)، محمد أمين عبدالله (ترجمة)، برطانيا والخليج، وزارة التراث والثقافة، سلطنة عمان، 2017.

第一章　阿联酋现代民族国家的建立

民族国家是现代化的载体,[①] 没有独立的民族国家,开启现代化进程的发展之路也就无从谈起,因此对阿联酋发展模式的研究始于现代民族国家的建立历程。在民族国家的建立过程中,传统的游牧经济和部落文化、英国的殖民统治以及石油的开发对阿联酋建国后的发展模式产生潜在而深远的影响。阿联酋建立独立的民族国家之时,在政治、经济和社会各方面都处于一种传统的状态,如何处理传统与现代化之间的关系,是建国后阿联酋遇到的新问题。

第一节　民族国家建立前的部落社会

阿曼海岸诸酋长国所在的地区由于有着较好的自然环境,早在石器时代就有人类居住。17世纪末至18世纪初,阿拉伯半岛内陆发生干旱,贫瘠的自然资源无法满足原本生活在此地的部落居民的需求,因此出现一股大规模的以部族为单位的由阿拉伯半岛内陆向沿海地区移民的活动。沿海地区同时拥有传统农业和以珍珠贸易为代表的海产业,为移民的生活提供

[①] 王铁铮主编:《世界现代化历程·中东卷》,江苏人民出版社2009年版,第19页。

了丰富的物质保障。虽然阿拉伯半岛曾多次出现移民活动，但这次移民潮对近代海湾地区民族国家的建立具有极为深远的意义。

现代阿拉伯联合酋长国由阿布扎比、迪拜、沙迦、阿治曼、乌姆盖万、富查伊拉和哈伊马角七个酋长国构成，在历史上曾受阿曼王朝的控制。其雏形可追溯到18世纪末阿曼海岸诸酋长国地区出现的两大新的部落力量，即以亚斯族为主的巴尼亚斯部落和以卡西米族为主的卡瓦西姆部落。

亚斯族是在18世纪初的移民潮中迁徙到海湾地区的，构成包括众多家族在内的阿曼海岸诸酋长国中最大的部落联盟巴尼亚斯部落，势力范围在海湾东南部沿岸。阿布扎比的统治家族阿勒纳哈扬家族和迪拜的统治家族马克图姆家族均出自巴尼亚斯部落的分支。除此之外，巴尼亚斯部落还包括卡比萨特、苏尔坦等众多著名家族，家族成员大多以种植椰枣、采集珍珠或狩猎为生，主要活动范围在陆地。

由卡西米人构成的卡瓦西姆部落是阿曼海岸诸酋长国中的第二大部落联盟，生活在海湾西岸一带，家族成员主要以海上贸易为业。沙迦和哈伊马角的统治家族都出自这一部落。

除在巴尼亚斯部落和卡瓦西姆部落控制下的四个酋长国外，其余三个酋长国分属不同的部落。其中，乌姆盖万的统治家族出自阿勒·阿里部落；阿治曼的统治家族是奈伊木家族。除此之外，阿治曼还有阿勒·卜麦希尔和苏丹两个部族；富查伊拉则由舍尔基部落统治。上述三个酋长国原本都是沙迦酋长国的一部分，后来才陆续从沙迦分离出来。

阿曼海岸诸酋长国时期的社会经济状况较为落后，各酋长国居民之间贫富差距不大，生活水平基本相同。自然环境的不同限制了部落对传统经济活动的选择，导致各酋长国在人口规模和经济模式上差异巨大。生活在阿布扎比广阔沙漠里的部落只能以种植椰枣或者放牧为生，而生活在山区的人们享有更多降雨，他们可以种植其他作物。部落成员在和平时期向部落酋长寻求司法管辖、经济支持或道德指导，在战争时期获得军事帮助和谈判技巧。某些家族已经在本部落的几代人中占据领导地位，构成部落的统治家族。随着时间的推移，一些部落吸引越来越多的部落来投诚，某些家庭就成为部落联盟的最高领袖。因此，部落人口规模的不平等也反映了各部落联盟在政治权重上的差异。这些部落联盟之所以被提升到国家地位，则是因为他们的统治者（即酋长）自1820年以来与英国政府签订了一系列条约。

第二节 英国的殖民统治

一、英国殖民统治体系的形成

19世纪初，虽然英国已在海湾地区同有关国家签订合约并建立据点，但由于海湾地区局势不稳定，阿拉伯各部族间纷争不断，缺乏统一领导，这些合约难以得到各酋长国的承认。英国在海上的贸易利益常常被侵犯，特别是拥有较强海上武装力量的卡西米人曾袭击英国的商船。为消除英国在海湾建立霸权的隐患，1819年英国以武力攻打哈伊马角，摧毁了卡西米人在当地的势力，标志着英国全力入侵海湾地区的开始。

1820年，英国先后与阿布扎比、阿治曼、巴林、迪拜、沙迦等阿拉伯部族酋长签订《停止掠夺和海盗行为的总和平条约》。该条约的签订标志着英国可以在海湾沿岸建立殖民秩序，同时合法地在各酋长国领海实现贸易垄断。1824年，英国向阿曼海岸各酋长国派驻政治代表，担任各酋长的顾问，帮助他们制定内政外交策略，英国在阿曼海岸诸酋长国地区建立起专门的管理体系。

为削弱海湾沿岸各阿拉伯部族的冲突对英国海上霸权造成的不利影响，1835年英国与阿曼海岸各酋长国签订首次《海上休战协定》，确保各酋长国在采珠季节停止冲突行为。英语trucial（意为"休战的"）的音译是"特鲁西尔"，从此这些酋长国被称为"特鲁西尔阿曼"。该协议的签订使英国对阿曼海岸各酋长国的控制大大加强了，英国逐渐成为这一地区的警察。此后，英国分别在1838年、1839年和1847年与该地区的酋长们签订了3个多边条约或协议，进一步加强了对该地区的监管，掌控了这些酋长国的经济命脉。

1853年，英国与特鲁西尔诸酋长国最终签订《海上永久休战协定》，确定了英国对缔约各酋长国冲突的仲裁资格，承认了英国的司法管辖权，标志着英国在特鲁西尔诸国地区殖民管理体系的最终建立。

二、英国殖民统治的衰落

（一）特鲁西尔诸国委员会的建立

为缓解石油开发带来的各酋长国之间的矛盾，英国决定采用新的政策管理特鲁西尔诸国。1952年，在英国的支持下，特鲁西尔诸国委员会成立，形成七个酋长国酋长每年定期开会的机制。虽然英国仍在实际控制着委员会，但自此七个酋长国可以在合作与协商的框架内解决问题，有助于缓解酋长国之间的紧张关系。1965年以前，委员会主席一直由英国政治代表担任，之后权力被移交给各酋长，由各酋长轮值的方式产生主席。首任主席是哈伊马角酋长萨格尔·本·穆罕默德·卡西米（Saqr bin Mohammed Al Qasimi）。

特鲁西尔诸国委员会在成立后逐渐增加职权范围，扩大酋长在决策过程中的影响力：1958年下设管理教育、农业和公共卫生等3个分委会，1964年成立审议委员会，从七个酋长国中选择两名代表组成，目的是提高各酋长国执行政策的一致性。正是在这一时期，特鲁西尔诸国在行政体制建设上取得初步进展。1955年起，特鲁西尔诸国委员会制定了一系列五年发展计划，聚焦教育和公共卫生领域，旨在加强管理和制度能力建设。这些五年计划由英国政府提供财政支持，英国为第一个五年计划（1955—1960年）拨款45万英镑，为第二个五年计划（1961—1966年）拨款50万英镑。① 为大幅增加对北部酋长国的援助，1965年特鲁西尔诸国发展办公室建立，办公地点设在迪拜。

发展办公室的设立是一个重要的转变，意味着特鲁西尔诸国开始脱离英国的影响和控制。一方面，其设立之际，恰逢阿布扎比更加积极主动地争取地区领导权。阿布扎比酋长扎耶德·本·苏尔坦·阿勒纳哈扬（Zayed bin Sultan Al Nahyan）在1966年8月掌权后，立即向特鲁西尔诸国捐赠了50万英镑发展基金。② 另一方面，其他阿拉伯酋长国也纷纷给予特鲁西尔诸国帮助。卡塔尔和巴林分别为特鲁西尔诸国发展基金提供了25万英镑和4万英镑的捐款。同时，卡塔尔和科威特还提供了教育领域的支援，比如援助学校和选派教师，早期特鲁西尔诸国的学校课程都是沿用科威特的。1961年，科威特协助阿布扎比仿照当时最先进的两个海湾酋长国科威特和巴林创立城市、卫生和社会服务，设计海关、护照、劳工事务以及公共工程的蓝图。

（二）阿拉伯民族主义的觉醒

1964年10月，阿拉伯国家联盟秘书长阿卜杜勒·哈勒克·哈苏纳（Abdul Khalek Hassouna）造访海湾地区，建议阿盟专门为特鲁西尔诸国设立发展基金。英国官员对阿拉伯国家联盟在特鲁西尔诸国内部事务中表现出的兴趣十分警惕，他们认为阿盟的介入是对英国在特鲁西尔诸国地位的直接威胁。尽管英国政府已经将态度明确告知七个酋长，但哈伊马角和沙迦酋长仍然公开欢迎阿盟秘书长的造访并支持他的提议。此外，英国官员还怀疑沙迦酋长策划了一场3000人的欢送阿盟秘书长的集会，并组织了支持埃及总统纳赛尔和反对帝国主义的游行。1964年12月，阿盟代表团再

---

① Frauke Heard-Bey, "From Trucial States to United Arab Emirates", Dubai: Motivate Publishing, 2007, pp.320-321.
② Frauke Heard-Bey, "From Trucial States to United Arab Emirates", Dubai: Motivate Publishing, 2007, p.323.

次造访特鲁西尔诸国，并建议为特鲁西尔诸国设立 500 万英镑基金，这一数字远超英国为第一、第二个五年计划投入的资金。

1965 年 3 月 1 日，七个酋长在特鲁西尔诸国委员会第 21 次会议上达成共识，欢迎来自任何国家的无条件援助，并感谢阿拉伯国家联盟和其他阿拉伯国家为促进特鲁西尔诸国发展做出的贡献。[①] 直至此时，英国政府才知道沙迦、阿治曼、哈伊马角等酋长国经常开会共同商讨有关英国和阿盟的问题。英国开始认识到阿拉伯民族主义力量对特鲁西尔诸国的影响。为抵制阿盟对特鲁西尔诸国的渗透，英国开始向五个较小的酋长国施压，并许诺为特鲁西尔诸国提供财政援助，但是并未奏效。

（三）英国插手独立前夕酋长国政坛变化

英国还插手了阿布扎比的王位更换，这对阿布扎比乃至将要成立的阿联酋都是至关重要的转折点。无论是阿布扎比的王室家族还是英国官员，都对当时的阿布扎比酋长沙赫布特·本·苏尔坦·阿勒纳哈扬（Shakhbut bin Sultan Al Nahyan）不满。沙赫布特酋长掌权时，恰逢 20 世纪 30 年代珍珠贸易崩溃造成的经济困境，因此他在国家治理财政支出方面格外吝啬，而且他的执政方式较为保守，抵制 20 世纪 60 年代以来石油贸易带动的经济发展，与其弟扎耶德·本·苏尔坦·阿勒纳哈扬灵活的领导能力形成鲜明对比。1965 年英国政治代表的年度报告中，将沙赫布特酋长描述为想要一手掌控国家的独裁者。[②] 扎耶德自 1946 年起担任阿布扎比东部地区行政长官，通过改造水渠灌溉系统、兴建聘用外国人的学校和医院等举措，向阿布扎比王室和英国官员展现出开放、有能力的领导者形象。1966 年沙赫布特酋长被罢免之前，扎耶德与英国官员召开了一系列会议，使英国人确

---

① Frauke Heard-Bey, "From Trucial States to United Arab Emirates", Dubai: Motivate Publishing, 2007, p. 322.

② Archibald Lamb, "Annual Review of Events in Abu Dhabi in 1965", in Robert Jarman, Political Diaries of the Arab World: The Persian Gulf, Volume 24: 1963–1965, Chippenham: Archive Editions, 1998, p. 520.

信扎耶德不仅得到纳哈扬家族的压倒性支持,还得到重要部落首领的支持。此举打消了英国关于干涉阿布扎比内政会进一步激化阿拉伯世界反英情绪的顾虑。在英国的支持下,经过精心谋划,1966年8月6日,扎耶德通过一场宫廷政变取得政权。

掌握权力后,扎耶德迅速调整与英国的关系,并与北方五个酋长国取得联系,承诺提供援助,包括为特鲁西尔诸国发展基金捐赠50万英镑,资助阿治曼、富查伊拉、乌姆盖万和哈伊马角的水电开发项目。同时,对特鲁西尔诸国的地理调查、对沿海安全的改善以及第一次人口普查也在其主导下完成。

扎耶德还在阿布扎比建立高级规划委员会,并制定了一个五年计划,该计划引领了人们期待已久的经济发展。除此之外,他将石油带来的财富重新分配给人民。这些措施将阿布扎比从一个沿海村庄变成城市,并成为尚在雏形的阿拉伯联合酋长国的政治和经济中心。

三、英国殖民统治的影响

(一)巩固了统治家族的地位

海湾各酋长国最初只是分布在海湾沿岸具有较强实力的部落联盟,英国出于建立殖民统治秩序的需要,与控制海湾沿岸地区的各部落联盟首领(即酋长)签订了各种条约,酋长对其势力所控地区的领导权反过来又得到英国的确认,这在客观上巩固了酋长的统治地位,使得酋长的统治权变得合法化。此外,英国政治代表和驻扎在海湾的军队官员都是通过酋长本人来落实条约的各项条款,从而实现英国的殖民统治,这也帮助酋长加强了权威,扩大了酋长作为当地统治者的影响力。

(二)建立了联邦层面的行政体制

在英国支持下建立的特鲁西尔诸国委员会是1971年阿联酋建国后联邦最高权力机构——联邦最高委员会的前身,在联邦层面为各酋长国提供了沟通的平台。随着委员会职能范围的扩大和制定五年发展计划等行政实践的积累，联邦在行政体制建设上取得初步进展。此外，英国还帮助特鲁西尔诸国建立监察部队和司法机构，开展邮政业务。

（三）妨碍了特鲁西尔诸国政治、经济和社会的发展

英国为实现独占海湾的战略目标，采取各种手段阻断海湾国家受到世界发展趋势的影响，确保英国与海湾各酋长国签订的条约得到有效实施。因此，海湾各酋长国的政治、经济和社会发展长期停滞不前。政治方面，英国采取酋长作为他们统治代理人的政策，长久以来存在于特鲁西尔诸国的部落首领统治方式根深蒂固，任何现代的政治结构都没有被催生出来，酋长们依然用上千年来统治臣民的古老方式治理国家，即每天用几小时接见求见的臣民，帮助他们解决诉求，查明冤情，对各种纠纷做出判决。经济和社会方面，英国也从未帮助过各酋长国进行经济改革，建设公共事业，导致建国前特鲁西尔诸国的医疗和教育事业都十分落后。总之，英国在特鲁西尔诸国的核心目标就是确保英国的利益不被侵犯，因此其不会干涉各酋长国的内部事务。帮助特鲁西尔诸国建立监察部队、司法机构和邮政业务等举措，也是基于维护当地秩序、巩固殖民统治的需要。

第三节　民族国家的构建历程

1968年1月16日，英国首相哈罗德·威尔逊（Harold Wilson）宣布，英国计划在1971年底前从苏伊士以东的所有位置撤出。尽管在经济危机和对殖民主义意识形态厌恶的背景下，威尔逊政府在1966年就已表达于1968年底从亚丁撤军的意图，但即将到来的撤军还是让酋长们大吃一惊。值得一提的是，科威特、卡塔尔和阿布扎比的统治者曾向英国政府提出负责提供英国在该地区驻军开支的建议，但被英国政府拒绝了。

为应对英国撤军，阿布扎比和迪拜的统治者召开会议，同意创建两个酋长国的联盟作为未来更大联邦的基础，并邀请其他五个酋长国以及巴林和卡塔尔加入。会议达成的协议还解决了两国之间陆上和海上的边界问题。1968年2月25日，特鲁西尔诸国和巴林、卡塔尔酋长共同参加的第一次会议在迪拜召开。两天后，9个酋长签署了建立阿拉伯联合酋长国的《迪拜协议》。阿布扎比酋长扎耶德将成为联邦总统，时任卡塔尔副统治者（1972年就任埃米尔）的哈利法·本·哈马德·阿勒萨尼（Khalifa bin Hamad Al Thani）出任总理。但是，随后由于巴林和卡塔尔的统治者以及阿布扎比和迪拜就如何实现联邦制存在分歧，局势变得错综复杂，建国进程缓慢。富查伊拉酋长穆罕默德·本·哈马德·沙里奇（Mohammad bin Hamad Al Sharqi）也表示，他对四个较大酋长国在迪拜会议上的主导地位感到担忧，并暗示五个较小酋长国的酋长在签署迪拜协议之前，只有1个小时的时间来研究协议。卡塔尔提出的五个较小酋长国只派1名酋长作为代表投票的建议更是加重了紧张气氛。

1968年10月，9个酋长召开进一步会议，通过创建共同国防军队的协议，同时允许每个酋长国保留自己的武装力量。但是，在1969年5月于多哈召开的会议上，由于卡塔尔和巴林关于联邦首都所在地的持续争议，此协议失败。1969年10月在阿布扎比召开的会议上，由于卡塔尔和迪拜迫使巴林退出联邦，协议也以失败告终。哈伊马角酋长也退出峰会，因为他要求掌控由阿布扎比控制的国防部。

尽管1969年10月的会议没有达成一致，但它却揭示了四个北方酋长国（阿治曼、富查伊拉、沙迦、乌姆盖万）和阿布扎比之间的紧密联盟，他们将阿布扎比作为建立联盟国家的基础，而不是巴林和卡塔尔。在此大格局下，巴林和卡塔尔决定先行独立。迪拜也曾打算退出联邦，但最终还是与其他酋长国达成协议。1971年7月在迪拜召开的会议宣布，由阿布扎比、迪拜、沙迦、阿治曼、乌姆盖万和富查伊拉组成的阿拉伯联合酋长国将在年底前生效。

新联邦面临着代表权和权力分配等问题带来的巨大障碍，阿布扎比酋长扎耶德为确保新联邦获得成功，向善于讨价还价的迪拜酋长拉希德·本·赛义德·阿勒马克图姆（Rashid bin Saeed Al Maktoum）做出许多让步。正是各酋长国之间的一系列相互妥协，使得阿联酋的建立成为可能，包括赋予阿布扎比和迪拜在联邦最高委员会的否决权，联邦层面所有实质性问题都必须得到全部酋长国的支持，以及各酋长国在联邦国家委员会中的平等代表权。1971年12月2日，阿拉伯联合酋长国正式成立。哈伊马角出于对联邦机构中代表数量不平等的不满，选择暂时不加入联邦。但由于国内民意的强烈要求，哈伊马角最终于1972年2月11日加入联邦。

第四节 石油开发与阿联酋发展模式

第二次世界大战后，石油的开发对阿联酋发展模式具有极其重要的作用。20世纪60年代，阿联酋开始开采石油。[①] 阿联酋已探明的石油储量为1000亿桶，占世界总储量的约9.5%，已探明的石油余量约134亿吨，够开采100年。[②] 石油开发之前，特鲁西尔诸国的经济主要依靠珍珠采集业、渔业和少量的农牧业。20世纪20年代中后期，由于蒙受日渐席卷整个资本主义国家的经济危机和迅速发展的日本人工养殖珍珠业的强烈冲击，[③] 特鲁西尔诸国的经济和国民生计面临严重困难。石油的发现为这一切带来转机，随着20世纪七八十年代国际油价的上涨，阿联酋依靠石油出口获得大量的财富。石油对阿联酋发展模式的影响主要表现在以下几个方面：

一是确立了地租型国家（Rentier States）的发展模式。埃及学者哈齐姆·巴卜拉维（Hazem Beblawi）认为地租型国家需具备的四个要素为：租金占主导地位；经济依赖大量外部租金，因而不需要发达的国内生产部

[①] 钟志成：《中东国家通史·海湾五国卷》，商务印书馆2007年版，第330页。
[②] 黄振：《阿拉伯联合酋长国》，社会科学文献出版社2015年版，第83—84页。
[③] 钟志成：《中东国家通史·海湾五国卷》，商务印书馆2007年版，第160页。

门；小部分劳动力参与租金生产；政府是外部租金的主要收取者。[1] 此外，中国学者黄民兴指出，地租型国家还有一大特征，即产生地租收入的部门为"飞地型经济"，换言之，这些部门与国民经济的其他部门缺乏前向与后向联系。[2] 如果一个国家40%以上的收入来源于石油或外部资源，而且开支占国内生产总值相当比例，那么这个国家就是分配型国家（Allocation States）。[3] 20世纪70年代，阿联酋的石油产值占到国内生产总值的80%以上，[4] 根据此标准，建国之初的阿联酋也属于地租型国家中的分配型国家。大量的石油收入使阿联酋政府不需要向民众征税，因此政府无需履行从民众中汲取财政资源的职能，而仅需执行分配职能，将部分石油租金分配给公民。政府依靠石油租金建立起范围广泛的社会福利体系，包括免费教育和医疗、发放住房补贴、提供公共部门就业等方面。在地租型国家的发展模式下，政府依靠提供社会福利换取公民放弃部分政治权利和政治参与，形成统治阶层与民众之间的社会契约。

二是导致各酋长国在联邦中的不同地位。阿联酋的石油资源94%都分布在阿布扎比，剩余的少部分分布在迪拜、沙迦和哈伊马角。阿布扎比丰富的石油资源带来的财富使阿布扎比的统治家族——阿勒纳哈扬家族获得巨大的优势，阿布扎比几乎不需要发展私营企业以增加财富，而其他酋长国也意识到他们需要阿布扎比的财富来支持本地经济的繁荣，所以他们乐于与阿勒纳哈扬家族结盟，作为大集团里股份较少的合伙人。迪拜则选择了一条不同的道路，为避免成为阿布扎比的附属，迪拜将石油带来的财富都投资到促进本地经济增长中，创立了著名的"迪拜模式"。尽管2008年受金融危机影响，迪拜相比其他酋长国的优势已不再那么明显，但是迪拜

---

[1] 转引自丁隆：《阿拉伯君主制政权相对稳定的原因探析》，《现代国际关系》2013年第5期，第39页。

[2] 黄民兴：《石油收入的地租性及其对中东产油国的影响》，《西北大学学报（哲学社会科学版）》1998年第4期，第22页。

[3] 转引自丁隆：《阿拉伯君主制政权相对稳定的原因探析》，《现代国际关系》2013年第5期，第40页。

[4] 黄振：《阿拉伯联合酋长国》，社会科学文献出版社2015年版，第84页。

首创的模式将会继续影响其他酋长国乃至整个阿拉伯半岛。

三是开启阿联酋现代化的进程。石油带来的巨大财富带动国家和社会各领域的发展，随着基础设施建设的兴起和联邦各部门的建立，大量外国管理和技术人员开始涌入阿联酋。同时，人才的缺乏使得阿联酋国民开始出国求学，接受先进的教育，阿联酋的政治体系日益成为开放的体系，现代化的管理理念不断被引进，传统的部落政治和家族式管理已不能适应社会发展的需求。因此，现代化的政府机构不断设立，官僚体系逐渐形成，通过行政程序来反映国民诉求的方式取代了过去酋长直接接见国民的处理问题的方式，阿联酋开始向现代化国家的方向发展。可以说，石油的开发是启动阿联酋现代化的最重要原因。

第二章　阿联酋的政治结构和制度

政府有专门化的结构来履行政策制定、政策实施等不同的功能。大部分当代政治体系都包括政党、利益集团、立法机构、行政机构、官僚和法院六类政治结构,但也有少数国家拥有较为少见的或独一无二的政治结构。相同的政治机构在不同的政治体系中可能发挥不同的政治功能,因为政治结构在不同的国家是以不同的方式进行组织的。对具体的政治结构及其与政治功能关系的分析,使我们有可能来描述和比较各种完全不同的政治体系。[1] 可以说,阿尔蒙德主张的政治发展,就是政治结构与功能相互适应的过程。

在独立宣言发表之前的1971年7月18日,阿联酋联邦最高委员会最终通过了临时宪法。临时宪法确定了阿联酋的国体与政体,界定了联邦和各酋长国之间责任的区别,给予各酋长国较大的自主权。根据宪法,阿联酋联邦行政体制的权力结构包括:联邦最高委员会、联邦总统和副总统、联邦政府(内阁)、联邦国民议会和联邦司法机构。[2] 阿联酋的政治结构较为特殊,不能将其简单地进行归类。就政权组织形式来说,阿联酋兼具二元君主制与总统共和制的特点,是一种混合的政治结构。就国家结构形式

---

[1] 〔美〕加布里埃尔·A. 阿尔蒙德、小G. 宾厄姆·鲍威尔著,曹沛霖等译:《比较政治学——体系、过程和政策》,上海译文出版社1987年版,第63页。

[2] الكتاب السنوي لدولة الإمارات 2018، المجلس الوطني للإعلام، ص 11.

来说，阿联酋属于联邦制。

第一节　阿联酋政治结构及其功能发展

阿联酋的政治结构与美国非常相似：总统制，三个独立的政府部门（立法机构、行政机构和司法机构），以及拥有自主地位的地方政府。但这只是表面现象，阿联酋政治结构的实质更加接近二元君主制国家，君主是国家权力的中心，议会和宪法对君主的限制非常有限，内阁是从属于君主的最高行政机构。在阿联酋，总统相当于握有实权的君主，拥有不受制约的最高权力，联邦国民议会只是名义上的立法机构，实则为咨询机构。此外，行政和司法机构也不能独立行使权力。阿联酋独立时继承了包括特鲁西尔诸国委员会在内的英国殖民统治时期建立的有限的联邦部门。

建国后，随着政府职能的增加，政府机构越来越庞大和复杂，这使得酋长不可能再像国家成立早期那样亲力亲为，酋长与人民的距离越来越远，只能借助政府官员作为代理人，这也是阿联酋政治结构分化的开始。政治结构分化指的是建立新的专业化政治角色，现代政治体系都具有高度分化的特征。从历史上看，不断分化和专业化的政治组织与角色（其目标和内部结构旨在直接执行政治功能）始终是同政治体系能力的增强联系在一起的。[①] 这一时期，执行必要的联邦国家功能的职能部门组建，例如成立负责国内安全、办理国籍和护照及住所登记的内政部，负责处理对外关系的外交部等。同时，公共服务部门也开始出现，例如教育部、卫生部、劳工和社会事务部。随着国家运转积累的经验越来越多，加之阿联酋经济和社会的发展，阿联酋的政治结构已不再满足于发挥传统的功能，更多专业化的政府机构开始出现，例如为配合2006年首次举行的联邦国民议会选

---

① ［美］加布里埃尔·A. 阿尔蒙德、小 G. 宾厄姆·鲍威尔著，曹沛霖等译：《比较政治学——体系、过程和政策》，上海译文出版社1987年版，第81页。

举，专门成立了联邦国民议会事务国务部和国家选举委员会等机构。

一、联邦最高委员会

联邦最高委员会是阿联酋的最高权力机构，由七个酋长国的酋长组成。宪法第49条规定，最高委员会关于实质问题的决议经5名成员的多数通过才能有效，但多数成员中必须包括阿布扎比和迪拜。少数应服从上述多数的意见。[①]

建国初期，面对迫切等待快速发展的社会，最高委员会的运作模式类似于董事会或者公司的管理层。最高委员会的7名成员频繁会面商议国家的发展方向，制定新的发展计划，并监督项目的进展情况。然而，最高委员会很少召开正式的会议，各酋长更多是通过婚礼、骆驼大赛或吊唁场合等非正式的聚会会面。许多涉及政治方向转变的决定都是出自只有两三位酋长参加的私人聚会。在这些磋商中，各酋长国双边关系的改善与巩固抑或搁置都取决于酋长们的私人关系。而这些非正式政治联系网络的交汇点正是开国总统扎耶德·本·苏尔坦·阿勒纳哈扬。这不仅是因为他担任联邦总统的职位，更是因为他善于推动各类问题的解决。

随着国家政治结构的发展完善，最高委员会也制定了专门的规章制度，包括工作流程和投票表决方法，并建立由众多官员组成的总秘书处，帮助其履行职能。最高委员会在联邦首都定期召开会议，讨论并决定联邦基本国策和重要问题。

二、联邦总统和副总统

根据宪法第51条，联邦最高委员会从委员会成员中选出联邦总统和副

---

① 李俊清、孙婷、姚伟达：《阿拉伯联合酋长国政府与政治》，世界知识出版社2012年版，第206页。

总统。联邦副总统在总统因故缺席时行使总统权力。总统和副总统每届任期5年，可以连任。① 事实上，总统的选举没有任何悬念，鉴于各酋长国的实力，联邦总统一直由阿布扎比酋长担任，副总统则出自迪拜。联邦总统的权力非常大，包括统领最高委员会，召集最高委员会会议，签署最高委员会通过的法律、法令及决议，批准组阁并任命总理及各部长，批准死刑、行使特设及减刑的权力等。

1971年，阿布扎比酋长扎耶德当选联邦首任总统，此后六次连任。2004年扎耶德总统去世后，其子阿布扎比王储哈利法·本·扎耶德·阿勒纳哈扬（Khalifa bin Zayed Al Nahyan）继任阿联酋总统和阿布扎比酋长。联邦副总统则一直由迪拜统治家族担任，至今共有三人担任过这一职位。1971年，迪拜酋长拉希德·本·赛义德·阿勒马克图姆担任联邦首任副总统，此后三次连任。他1990年逝世后，其长子迪拜王储马克图姆·本·拉希德·阿勒马克图姆（Maktoum bin Rashid Al Maktoum）当选为联邦副总统，并继承迪拜酋长，两次连任后于2006年逝世，由其二弟穆罕默德·本·拉希德·阿勒马克图姆（Mohammed bin Rashid Al Maktoum）接任迪拜酋长，并担任联邦副总统。

三、联邦政府

联邦政府由联邦最高委员会决定，经由联邦总统批准组建，是联邦权力的执行机构，也被称为内阁或部长会议，首届联邦政府成立于1971年12月9日。建国时，由于全部的联邦政府部门都是从零开始建立，因此联邦行政部门的能力建设也需要较长时间来发展。最初的外交部只有1名部长和3名公务人员。1971年联邦只有4000名公务员，1977年迅速上升到

---

① 李俊清、孙婷、姚伟达：《阿拉伯联合酋长国政府与政治》，世界知识出版社2012年版，第206页。

24000人，1983年达到38000人。① 根据联邦发展战略和政府政策制定的需要，联邦政府的职能部门不断发展完善，例如1973年第二届政府成立时，增设了经贸、伊斯兰事务和宗教、内政事务、石油和矿产等部，1990年第五届政府增设高等教育部等。现在的联邦政府包括1名总理、2名副总理、各部部长，以及拥有众多员工的协助内阁开展工作的秘书处。

从建国之初，新成立的联邦政府机构就面临各种挑战，包括各酋长国之间协作机制的建立，以及将各酋长国的权力和特定领域的合法性向联邦政府层面的转移等。1972年出台的联邦法律确立了阿联酋的国家政治结构，并规定了各部委和部长的职权范围。尽管联邦政府被阿布扎比和迪拜主导，但权力分享的原则还是体现在第一届内阁中。迪拜王储马克图姆·本·拉希德·阿勒马克图姆担任首任联邦总理。阿布扎比在内阁中各占6席，主要掌管内政部、外交部和信息部等关键部门，迪拜占控制国防部、财政、经济和工业部。其他酋长国中，沙迦占3席，阿治曼和乌姆盖万分别是2席，富查伊拉为1席。1972年哈伊马角最终加入联邦，内阁也随之扩大，1973年来自哈伊马角的赛义夫·赛义德·古巴什（سيف سعيد غباش）出任首任外交事务国务部长。后来，各酋长国在内阁中所占席位并无定数，但阿布扎比和迪拜占据重要职位。

联邦政府的领导职位都是由7个统治家族的高级成员担任，关键岗位也是由酋长的高级技术顾问担任，例如首任阿联酋驻英国大使由迪拜酋长最信任的顾问迈赫迪·塔吉尔（Mehdi al-Tajir）担任。行政官员中，很多是阿联酋主要部落家族的成员，他们也是第一代接受过现代化教育的阿联酋人。酋长们通过对官员的任命来巩固他们与部落家族的关系，官员职位的分配也成为表彰部落家族忠诚的一种手段。学者克里斯托弗·戴维森2009年的研究指出，当时的内阁部长中有10名为统治家族成员，是自

---

① J. E. Peterson, "The Future of Federalism in the United Arab Emirates", in H. Richard Sindelar III and J. E. Peterson (eds), Crosscurrents in the Gulf: Arab Regional and Global Interests, London: Routledge, 1988, p. 208.

1971 年阿联酋成立以来的最高数字,其余都来自著名家族或与各酋长联系紧密的技术官僚。①之后,来自统治家族的比例有所下降,但内阁中的关键岗位仍由统治家族担任。例如 2014 届政府的 19 名部长中,有 8 名来自各统治家族。其中,5 名来自阿布扎比,2 名来自迪拜,1 名来自沙迦。②

近年来,阿联酋联邦政府的发展呈现出新的特点。首先,换届速度较快,政府部门向着年轻化、现代化发展,女性成员数量也有所增长。第 12 届政府成立时,内阁成员的平均年龄只有 38 岁,最年轻的内阁部长年仅 22 岁。内阁成员的年轻化有助于推进改革,引领国家进入现代化新阶段。2017 年 10 月 19 日成立的第 13 届政府中,部长成员中的女性比例有所上升,31 名成员中包括 9 名女性,而在新任命的 6 名部长中,有 3 名女性成员。此外,为配合阿联酋火星项目和人工智能计划,新设立了尖端科技国务部和人工智能国务部,证明阿联酋将持续向创新型政府发展。

其次,在结构上进行改革,内阁职位设置更加灵活。2016 年 2 月,为增强联邦政府应对后石油时代挑战的能力,阿联酋副总统兼总理、迪拜酋长穆罕默德·本·拉希德·阿勒马克图姆宣布对阿联酋政府进行重大的结构性改革。穆罕默德表示:"政府必须灵活。我们不需要更多的政府部门,而是需要更有能力的部长来应对变化。我们希望政府不仅在提供服务方面,而且在培养人民技能和创造有利于取得成就的环境方面考虑问题。政府应该有远见,愿意探索未来,并做好面对未来的准备。"③ 在此背景下,阿联酋合并了部分部委,同时成立了一批新的部门和委员会。新政府的部委在数量上有所减少,但设立了更多处理国家战略和动态事务的部长职务。2016 年,阿联酋新设立了幸福国务部长、青年事务国务部长和包容部

---

① Christopher Davidson, "The United Arab Emirates: Economy First, Politics Second", in Joshua Teitelbaum (ed.), Politics Liberalization in the Persian Gulf, London: Hurst & Co, 2009, p. 238.

② تاريخ مجلس الوزراء، البوابة الرسمية لحكومة دولة الإمارات العربية المتحدة، https://uaecabinet.ae/ar/cabinet-history. (上网时间:2017 年 11 月 15 日)

③ مفهوم حكومة المستقبل، البوابة الرسمية لحكومة دولة الإمارات العربية المتحدة، https://government.ae/ar-ae/about-the-uae/the-uae-government/government-of-future/the-concept-behind. (上网时间:2017 年 11 月 23 日)

长三个部长职位，新成立了教育和人力资源委员会、酋长国青年委员会、酋长国科学家委员会、酋长国医疗服务公司和酋长国学校教育公司等政府委员会和公司。① 2021 年 9 月，按照新的政府发展策略，阿联酋内阁实现重组，政府工作将由重大变革项目主导，而不仅仅是长期战略计划，下一个变革周期将是持续 6 个月至 2 年的灵活快速周期。② 这意味着未来阿联酋内阁职位的更新速度将进一步加快，职位设置将紧跟国家战略发展的潮流。

四、联邦国民议会

联邦国民议会是阿联酋的协商性咨询机构，宪法第 89 条规定，联邦法律草案在提交联邦总统转至最高委员会批准以前，应提交联邦国民议会审议。③ 原则上，联邦国民议会对所有联邦立法都可提出咨询意见，可以同意、修改或否决草案，但是宪法第 110 条赋予了联邦最高委员会在联邦国民议会的反对下通过法案的权力。

根据临时宪法，联邦国民议会于 1971 年建立，由来自七个酋长国的 40 个成员组成。1972 年 2 月 13 日，联邦国民议会召开了第一次会议，扎耶德总统与各酋长国酋长以及内阁成员共同出席了此次会议。2006 年以前，联邦国民议会的成员都是由各酋长国的酋长任命的，大多是从商界和知名商人家族中产生，并且根据各酋长国的人口规模来分配席位。阿布扎比和迪拜各占 8 席，沙迦和哈伊马角占有 6 席，其他酋长国均为 4 席。2006 年 8 月，根据新颁布的议会选举法令，联邦国民议会的 20 名议员通

---

① 《阿联酋内阁新机构简介》，中华人民共和国商务部网站，2016 年 3 月 3 日，http://www.mofcom.gov.cn/article/i/jyjl/k/201603/20160301267698.shtml.（上网时间：2018 年 10 月 20 日）

② "President approves new federal government cabinet", Emirates News Agency, September 25, 2021, https://wam.ae/en/details/1395302973582.（上网时间：2021 年 10 月 20 日）

③ 李俊清、孙婷、姚伟达：《阿拉伯联合酋长国政府与政治》，世界知识出版社 2012 年版，第 213 页。

过选举产生，另20名议员仍通过各酋长指定的方式产生。

尽管联邦国民议会从未对联邦最高委员会和内阁的决策权产生威胁，但其通过质询、建议等方式影响着政府的工作和联邦政策的制定，并且成功地提高了人们对敏感问题的关注度。例如，1986年联邦国民议会成功地修改了一项关于国家安全的法律，引起公众的广泛讨论。联邦国民议会还在20世纪70年代末解决阿联酋宪法危机的过程中发挥了重要作用。1979年2月，联邦国民议会与内阁部长举行了一次联合会议，并向联邦最高委员会提交了一份建议采取措施加强联邦权力的备忘录。2008年，最高委员会通过了宪法修正案，进一步赋予联邦国民议会权力，并增强其对内阁的影响力和协调能力。

总之，20世纪70年代联邦国民议会的建立使其与联邦最高委员会共同形成一个综合有效的联邦政府管理系统。曾于20世纪90年代担任阿联酋经济和商务部长的法希姆·本·苏尔坦·卡西米（Fahim bin Sultan Al Qassemi）将这一系统形容为："我们在不破坏社会、文化和政治结构的基础上发展起来。这在很大程度上要归功于扎耶德总统的领导。我们的体制很好地将传统和现代结合在一起，我们保留了伊斯兰民主的传统，这其中最重要的就是议会，国家和地方领导人得以定期与公民会面，讨论大家关心的问题。"[1]

五、联邦司法机构

阿联酋司法体系由联邦最高法院主持的联邦司法机构和地方政府一级的地方司法部门构成。每个酋长国都有权选择是参与联邦司法系统，还是维持自己的地方司法系统。目前，在地方一级，阿布扎比、迪拜和哈伊马角都有各自独立的司法部门，对宪法未赋予联邦司法机构的事项具有管辖

---

[1] Fahim bin Sultan Al Qassemi, "A Century in Thirty Years: Sheikh Zayed and the United Arab Emirates", Middle East Policy, Vol. 6, No. 4, 1999, p. 2.

权，而沙迦、阿治曼、富查伊拉和乌姆盖万酋长国则遵循联邦司法系统。

联邦司法系统由联邦最高法院、联邦复审法院和联邦初级法院组成。宪法赋予司法机构完全的独立性，法律面前人人平等，法官在审理案件时不受任何因素控制。虽然伊斯兰教教法是联邦法规的主要来源，但大多数阿联酋的法律还借鉴了其他民法，比如埃及和法国的民法。

联邦最高法院是阿联酋的最高司法机构，其判决为最终判决，具有普遍约束力。但死刑必须由总统批准，总统也可以赦免任何联邦司法机构通过的判决。联邦最高法院设在联邦首都，由经最高委员会批准、总统任命的院长和不超过 5 名法官组成。① 联邦最高法院的主要职责是审查法律的合宪性，并对联邦政府与各酋长国之间及各酋长国之间的争端做出裁决。联邦最高法院下设联邦复审法院和联邦初级法院，民事审判可以在各酋长国审判，重大案件需交由联邦司法机构审判。

六、地方行政体制

地方层面的政府部门主要由统治者法庭、执行委员会、市政当局和咨询委员会组成。地方政府对所有不属于联邦政府管辖范围的事务都有管辖权。由于人口、地理位置和发展程度的不同，七个酋长国的地方政府在规模和机制上各不相同，但每个地方政府都有一个执行委员会，在统治者法庭的监督下工作。

阿布扎比有自己的中央管理机构，即阿布扎比执行委员会，由阿布扎比王储穆罕默德·本·扎耶德·阿勒纳哈扬（Mohamed bin Zayed Al Nahyan）担任主席。委员会协助酋长履行职责和权力。执行委员会下设专门机构和市政当局，负责执行阿布扎比酋长国的计划和政策。阿布扎比被划分为三个主要地区，每个地区都有一个管理内部工作的市政当局。此外，阿

---

① القضاء الاتحادي، البوابة الرسمية لحكومة دولة الإمارات العربية المتحدة، https://u.ae/en/about-the-uae/the-uae-government/the-federal-judiciary. (上网时间：2021 年 9 月 20 日)

布扎比还建有咨询委员会，由60名成员构成，大多来自阿布扎比的主要部落和重要家族。①

迪拜执行委员会是迪拜的主要决策机构，负责维护城市安全和秩序，提供公共服务，协助迪拜酋长制定发展计划和当地法律，由迪拜王储哈姆丹·本·穆罕默德·阿勒马克图姆（Hamdan bin Mohammed Al Maktoum）领导。

除此之外，沙迦建有执行委员会和咨询委员会。其他酋长国也存在类似的委员会和市政部门，在此不一一列举。

第二节 阿联酋联邦制的确立与巩固

虽然阿联酋自1971年建国以来就致力于加强联邦的建设，但联邦制却不一定是阿联酋必然的选择。英国官员也对阿联酋的早期发展持谨慎态度，英国驻阿联酋前大使安东尼·哈里森（Anthony Harris）曾提到，"我们仍然相信，我们1971年在海湾地区建立的秩序是该地区发展和稳定的基础。然而，阿联酋是新国家中最脆弱的。它被各酋长之间的缺乏合作所困扰，这是他们缺乏信任的传统和部落对抗的延续"。②扎耶德总统在决定国家政策时需要在各酋长国利益和联邦利益之间取得平衡，而对各酋长来说，他们过去数十年已经习惯于独享权力，现在则要适应一起沟通协商，共同治理国家，这绝非易事。

1971年7月达成的阿联酋临时宪法为中央和地方酋长国权力划分的平

---

① https: //u. ae/ar – ae/a-bout – the – uae/the – uae – government/the – local – governments – of – the – seven – emirates. （上网时间：2021年1月5日）

② Dispatch from A. D. Harris (Middle East Department) to P. R. H. Wright (Head of Middle East Department) and R. M. Hunt (Assistant Head of Middle East Department), June 19, 1973, London, The National Archives, file FCO 8/2142.

衡提供了理论架构。在临时宪法全部的 152 项条款中，共有 70 条详细阐述了中央政府的权力，但只有 4 条提及地方酋长国的权益。这表明，各酋长国统治者的权力正在缩小，从而为即将建立的中央政府铺平了道路。而 7 位酋长同意将权力分享给中央政府的原因是他们本身即联合代表了中央权威。

一、联邦制的确立

阿联酋自成立起就面临一个关键的发展问题，即联邦政府是将采取中央集权的形式，七个酋长国紧密整合在联邦政府之下；还是会采取渐进的方式来增强联邦政府的权力，每个酋长国都保留其基本的自主权。扎耶德总统支持前者，致力于建立更强大的总统制，希望通过将阿布扎比的资金尽可能平均和公平地应用到阿联酋全国的发展中，来换取各酋长国同意自身的特殊政策被缩减。迪拜酋长拉希德则主张后者，强烈反对中央集权，主张保留酋长国强大的权力。相对北方较小的酋长国，迪拜较为发达的经济、比较完善的基础设施建设和政府管理体系大大降低了其对联邦支持的依赖。由于联邦经费预算大部分由阿布扎比负担，迪拜在联邦层面的领导也不像阿布扎比那么有影响力。而且，扎耶德总统为建立联邦对迪拜酋长拉希德的妥协也不是无限的，20 世纪 70 年代阿布扎比和迪拜在政策上的分歧严重影响着联邦的统一。

1976 年 5 月，联邦国民议会在对联邦预算的贡献问题上产生了分歧。来自阿布扎比的代表敦促其他酋长国在联邦财政部长公布各酋长国应承担的预算之前不要通过本国预算，要求各酋长国都应根据本国资源情况负担联邦预算。来自迪拜的代表则以要求公开阿联酋开发银行在外国银行的存款信息进行反击。[1]

---

[1] Hassan Hamdan al–Alkim, "The Foreign Policy of the United Arab Emirates", London: Saqi Books, 1989, p. 42.

1976年，围绕修宪产生的分歧进一步升级。根据1971年达成的临时宪法，5年后将制定永久宪法。在这样的紧张气氛中，在法律专家的协助下，由28位部长和联邦国民议会议员共同组成的委员会开始起草永久性宪法。起草的过程反映了阿联酋内部的分裂，委员会成员在中央集权的程度会不会限制各酋长国权力的问题上产生了分歧。特别是围绕临时宪法第23条"每个酋长国的自然资源与财富被视为该酋长国的公共财产"的争议比较集中，即资源带来的收入应被视作各酋长国的财产还是整个国家的财产。在扎耶德总统的支持下，强联邦的支持者认为临时宪法第23条阻碍了阿联酋财富的再分配，并呼吁其他酋长国尤其是迪拜，增加对联邦预算的贡献。因此，宪法委员会建议每个酋长国将75%的收入转移给联邦财政部，只保留25%的收入，同时暗示阿布扎比和迪拜将失去他们在最高委员会中的否决权。[①] 迪拜和哈伊马角坚决反对对临时宪法第23条的任何修改和联邦权力的增强。1976—1979年，阿联酋陷入为期3年的宪法危机。对危机的失望曾一度导致扎耶德总统宣布，他在5年总统任期结束后将不再谋求连任。由于无法达成共识，临时宪法又被延长5年。这一事件反映了阿联酋宪法危机的实质，即两大阵营在争取联邦整体利益和维护酋长国权力之间有着不可调和的分歧。

1979年地区形势发生改变，为应对伊朗伊斯兰革命带来的动荡后果，阿联酋开始新一轮加强联邦权力的尝试。联邦国民议会和内阁部长举行联合会议商讨如何加强政府权力。1979年2月，联邦国民议会和内阁共同向最高委员会提交了一份十一条备忘录，要求大幅增大联邦政府的权力，包括废除内部各酋长国之间的边界，统一所有武装力量，结束各酋长国自行购买武器装备造成的资源浪费，以及联邦政府对石油收入统一管理，由联邦政府授权财政收入等。此外，该备忘录在为联邦建立更集中、更均匀分

---

① Malcolm C. Peck, "Formation and evolution of the federation and its institutions", in Ibrahim al-Abed and Peter Hellyer (eds.), United Arab Emirates: a new perspective, London: Trident Press, 2001, p. 138.

布的管理体系的同时,还提出建立更民主的决策体系,即赋予联邦国民议会充分的立法权。上述举措得到阿布扎比、阿治曼、富查伊拉和沙迦酋长的支持,并于1979年3月19日在最高委员会会议上进行讨论。① 与此同时,全国爆发了声援加强联邦权力的大规模游行。但是这并不足以打破僵局,迪拜和哈伊马角酋长退出最高委员会会议。最终,在科威特、沙特等国的调停下,迪拜同意负担联邦预算,但条件是总理一职再次由迪拜担任。阿布扎比也向迪拜妥协,不将本地政府和其行政权力纳入中央权力机构管辖。

二、国防力量的整合

直至20世纪90年代中期,阿联酋的国防和安全部队才完成整合。此前,共有四支军事力量在酋长国的领导下独立存在。其中,阿布扎比国防军是实力最强的一支军事力量,拥有10000名军人,分为陆、海、空军。其次是迪拜国防军,人数大约有1000名,于20世纪60年代建军。除此之外,沙迦国民警卫队和哈伊马角移动部队各有250人的武装力量。整合各酋长国的军事力量困难重重,因为军队从原先的效忠各酋长变成效忠联邦,这对各酋长来说是难以接受的。② 1976年最高委员会废除了临时宪法第142条"各酋长国有权建立地方保安部队",并规定只有联邦政府有权建立武装部队。③ 1978年联邦国防军建立,扎耶德总统将阿布扎比国防军并入联邦国防军,并任命其二子苏尔坦·本·扎耶德·阿勒纳哈扬(Sultan bin Zayed Al Nahyan)担任第一任总司令。沙迦也支持建立统一的国防

---

① Frauke Heard-Bey, "The United Arab Emirates: A Quarter Century of Federation", in Michael Hudson (ed.), Middle East Dilemma: The Politics and Economics of Arab Integration, New York: Columbia University Press, 1988, p. 139.

② Ali Mohammed Khalifa, "The United Arab Emirates: Unity in Fragmentation", London: Croon Hclm, 1979, p. 82.

③ Abdullah Omran Taryam, "The Establishment of the United Arab Emirates 1950-1985", London: Croon Helm, 1987, p. 237.

力量,将沙迦国民警卫队整合进联邦国防军。但迪拜、哈伊马角和乌姆盖万都长期反对建立统一的军队。因此,迪拜和哈伊马角的武装力量一直保持独立,直到1996年才并入联邦国防军,阿联酋军队的统一最终实现。

三、联邦制的巩固

20世纪80年代,各酋长国之间的紧张关系有所缓和,主要有两个原因。首先是持续恶化的地区局势;其次是因为随着开国酋长逐渐淡出执政舞台,新一代酋长在一系列有序的转变中上台执政,与之前变革时代暴力的争论形成鲜明对比。也正是从这一时代开始,统一的联邦成为各方都可接受的话题。在此期间,迪拜开始系统地承担联邦预算,到1986年七个酋长国都按照各自的经济规模在联邦预算中负担相应的比例。

随着20世纪80年代各酋长国对国内政治问题的争议逐渐平息,加之联邦各方面的发展日趋成熟,各酋长国间的分歧主要集中到两伊战争上。在这场持续8年的战争中,七个酋长国分裂成两派,阿布扎比、阿治曼、富查伊拉和哈伊马角支持伊拉克,迪拜、沙迦和乌姆盖万则倒向伊朗。阿布扎比和海湾合作委员会以及阿拉伯联盟资助伊拉克的萨达姆政权,迪拜则成为伊朗的战略物资中转站。基于迪拜和沙迦与伊朗霍梅尼政权的紧密联系,阿联酋政府处在来自沙特和其他邻国的压力下时常感到十分尴尬,因为这些国家都是伊拉克政治势力和国内财政的坚定支持者。

此外,20世纪80年代的不和谐因素还包括阿布扎比和迪拜在沙迦内部权力更迭斗争中的互相对立。尽管上述种种障碍导致七个酋长国整合道路上的短暂紧张,但在20世纪八九十年代,阿联酋国内政治的总体发展仍表现为逐步渐进的合作,因为阿联酋统一联邦的理念已经深入人们的日常生活中。

阿联酋的联邦模式与其他20世纪50—70年代试图在阿拉伯世界建立联邦的尝试截然不同。后者大部分以失败告终,例如1958—1961年埃及和叙利亚曾建立短暂的政治联盟——阿拉伯联合共和国。阿联酋却存在下来，而且作为一个联邦制国家的概念越来越深入人心，主要原因为：一是时代的变化。随着阿联酋建国的时间越来越长，政治精英和普通民众也在世代更替中认识到统一联邦的重要性。二是扎耶德总统用阿布扎比的石油收入为联邦提供了稳定的支持，在他的领导下，统一联邦、政治协商的精神深入人心。1996年正值阿联酋建国25周年，扎耶德总统发表了他关于联邦形成和持久发展的观点："我们相信，只有把财富用到为人民谋福利上才是有价值的。国家不可能建立在愿望之上，也不可能通过梦想去实现我们的希望。我们的联邦在面对危机时立场坚定。因为努力工作、坚持不懈和勇于牺牲的精神，以及国家利益至上的准则，我们的国家得以繁荣发展。"① 三是特定的地区局势的影响。1990年伊拉克入侵科威特，这说明在动荡的地区，海湾小国面临着不少危险。

1996年12月，联邦最高委员会决定删除"临时"二字，并决定将阿布扎比定为联邦的永久首都，临时宪法最终变为阿联酋的永久宪法。

四、联邦总统首次换届

2004年11月2日，阿联酋总统扎耶德病逝，由其长子哈利法·本·扎耶德·阿勒纳哈扬继任阿联酋总统和阿布扎比酋长。哈利法自1966年起就开始担任王储，至2004年已经30多年了。外界对于他能否最终继承酋长一直有所疑问，因为他没有亲兄弟，在家族中实力不强。在扎耶德总统的儿子中，他最钟爱的妻子巴尼·法蒂玛（Bani Fatima）所生的6个儿子就像沙特的"苏德里七雄"，形成一股强大的家族势力。扎耶德总统2003年任命三子穆罕默德·本·扎耶德·阿勒纳哈扬（巴尼·法蒂玛的长子）担任副王储的举动更是加深了外界的怀疑。2004年11月1日，随着内阁的改组，阿联酋历史上的第一次总统换届拉开了序幕，国家权力按照预期

---

① Quoted in Fahim bin Sultan Al Qasimi et al, "A Century in Thirty Years: Sheikh Zayed and the United Arab Emirates", Middle East Policy, Vol. 6, No. 4, 1999, p. 2.

实现平稳过渡。

哈利法在2004年继任阿联酋总统前，曾长期担任阿布扎比副酋长、阿布扎比最高石油委员会主席、阿布扎比投资局主席等职位，积累了丰富的政府管理经验，特别是在能源和投资等关键领域。他通过研究部门对经济政策制定施加影响，并通过与在阿联酋有影响力的部落势力建立联系以获取社会支持。

哈利法出生于1948年，是扎耶德总统的长子。他出生时，扎耶德还没有成为阿布扎比酋长，而是担任阿布扎比重要内陆绿洲——艾恩绿洲的行政长官。哈利法的母亲是扎耶德的妻子中唯一一位来自阿勒纳哈扬统治家族的。1966年9月，哈利法继承了其父艾因绿洲行政长官的职务。1969年2月，他被任命为阿布扎比王储。同时，扎耶德还任命他为阿布扎比国防部门负责人，负责建设阿布扎比国防军，这支军队后来发展成阿联酋武装力量的核心。1971年7月至1973年12月，哈利法在阿布扎比担任政府部门的总负责人以及国防和财务部门的领导者。1973年，阿布扎比内阁被阿布扎比执行委员会取代，哈利法担任委员会主席，负责整个酋长国的发展。在他的任期内，人民过上现代化的生活，并获得可观的商业地产。自1981年以来，"哈利法委员会"就以约100亿美元的成本资助并促成阿布扎比全国6000多处住宅和商业地产项目。[①] 正是因为这些由他主导的项目，他深受阿布扎比当地人民的欢迎，也获得部落家族的爱戴。

1976年，他第一次在联邦中担任职务，被任命为新统一的联邦军队的副指挥官。自那时起，阿联酋武装部队经历了大规模扩张，并获得最先进的装备。随着联邦的发展，哈利法成为年轻一代阿联酋人熟悉的人物，并经常参加各种毕业典礼和军事活动。

哈利法能迅速当选为新任联邦总统，一方面是由于他具有丰富的从政经验；另一方面，并非没有候选人比他更能胜任联邦总统的职位，他的当

---

① Frauke Heard-Bey, "The United Arab Emirates: Statehood and Nation-Building in a Traditional Society", Middle East Journal, Vol. 59, No. 3, 2005, p. 374.

选要归功于联邦依赖阿布扎比的财政投入，民众也希望阿布扎比的财富可以继续保障国民的辛福生活。

五、联邦权力重组后的主要特点

哈利法成为总统后，阿布扎比的权力逐渐向以王储穆罕默德·本·扎耶德为首的"巴尼·法蒂玛"系转移。同时，2006年1月，穆罕默德·本·拉希德继任迪拜酋长后，迪拜在其领导下追求自治权的步伐加大，阿联酋的联邦结构面临较大压力。阿布扎比内部权力的转移和迪拜的崛起共同促成迪拜酋长穆罕默德成为后扎耶德时代的第一位总理。

2004年总统换届后的联邦权力重组显现出三大特点：一是权力转移带有明显的"巴尼·法蒂玛"色彩。巴尼·法蒂玛的第二子哈姆丹·本·扎耶德（Hamdan bin Zayed）被任命为副总理兼外交事务国务部长；第五子曼苏尔·本·扎耶德（Mansour bin Zayed）被任命为总统事务部长，2007年兼任副总理；第六子阿卜杜拉·本·扎耶德（Abdullah bin Zayed）担任新闻文化部长，2006年转任阿联酋外交部长。此外，第三子哈扎·本·扎耶德（Hazza bin Zayed）2006年被任命为国家安全顾问。二是对迪拜酋长穆罕默德几位重要顾问的任命凸显了迪拜势力的壮大。2006年，安瓦尔·穆罕默德·加尔加什（Anwar Mohammad Gargash）被任命为联邦国民议会事务国务部长，迪拜政府行政办公室主任、迪拜控股公司首席执行官穆罕默德·阿卜杜拉·卡尔卡维（Mohammad Abdullah al-Gergawi）被任命为内阁事务国务部长。三是现代化政治理念引领未来阿联酋政治发展。哈利法继承阿布扎比酋长后，副王储穆罕默德·本·扎耶德升任王储。穆罕默德以推崇现代化和精明能干的管理者著称。他出生于1961年，31岁时被父亲任命为阿联酋武装部队参谋长，开始进入公众视野。在这一岗位上，他与时任阿联酋国防部长的迪拜王储穆罕默德·本·拉希德以及美、英、法等关键国际合作伙伴建立了良好的私人和工作关系。2003年12月，穆罕默德·本·扎耶德越过扎耶德总统的第二子——联邦副总理苏尔坦，被任命为阿布扎比副王储，正式进入王位继承人序列。苏尔坦与其大哥——阿布扎比王储哈利法一样，被认为是传统主义者，与在阿布扎比政治活动中扮演重要角色的部落势力保持紧密联系。而穆罕默德·本·扎耶德与之相反，他与迪拜王储穆罕默德·本·拉希德一样，是现代化主义者。就这样，在阿联酋政治和经济力量重塑中，两位最具活力的人物出现了，他们分别在阿布扎比和迪拜的经济发展中发挥着关键性作用。

哈利法继位以来，一系列健康问题严重影响着他的工作，特别是2014年1月的中风使他几乎彻底离开公众视野。在此之前，他把阿布扎比内部的决策权交给王储穆罕默德·本·扎耶德，联邦层面的决策则交给副总统兼总理、迪拜酋长穆罕默德·本·拉希德。近年来，阿布扎比的实权人物、王储穆罕默德·本·扎耶德在国家事务中发挥越来越重要的作用。例如，最近一次内阁重组虽然是由联邦副总统兼总理、迪拜酋长穆罕默德·本·拉希德宣布，但官方声明中提到这是与穆罕默德·本·扎耶德讨论后的结果，[①] 这说明穆罕默德·本·扎耶德已经正式成为联邦政治决策的核心人物。

第三节　阿联酋政治改革的举措与实践

进入21世纪，年轻一代的海湾君主在日益增长的经济和文化全球化的压力下继承了权力，他们缺少父辈的领导魅力，因此意识到要用制度改革获取合法性来弥补传统和个人魅力上的合法性缺失。哈利法继任阿联酋总统后发表的第一个声明就是关于政治改革的，以此作为对国内日益增长的政治自由化呼声的回应。在2005年12月2日举行的第34届国庆活动中，哈利法总统宣布将尽快开放联邦国民议会的一半席位进行选举，作为改善

[①] "President Approves New Federal Government Cabinet", Emirates News Agency, September 25, 2021, https：//wam. ae/en/details/1395302973582. （上网时间：2021年10月20日）

阿联酋政治体系的举措。

这表明阿联酋的执政者已经认识到改革对于解决阿联酋日益复杂的经济和社会需求是必要的，阿联酋已进入改革的新阶段。民众对总统的改革计划表现出两极分化的态度。有些人认为，联邦国民议会的部分席位由选举产生是历史性的举措；另一些人则认为，部分选举太过有限，虽然领导人和政府官员在讲话中反复强调这是提高国家的政治体系参与度的第一步。

2007年4月17日，为响应总统的改革计划，联邦副总统兼总理穆罕默德公开宣布了阿联酋政府战略，核心目标是确保阿联酋公民的可持续发展和高质量生活，哈利法总统、联邦最高委员会成员、各酋长国统治者、内阁部长、联邦国民议会成员以及1000多名政府高级官员出席了此次公告发布会。该战略目标主要聚焦六大领域：社会发展、经济发展、政府部门发展、公正和安全、基础设施以及农村地区的发展。其囊括21个主题，遵循的基本原则一是继续维护联邦和地方政府之间的合作；二是加强政府各部门的监管和政策制定作用，完善决策机制；三是提高政府机构的工作效率，并通过关注民众需求来提升服务水平；四是发展公务员制度和人力资源，注重工作能力，强化阿联酋公民在公共和私营岗位的比例和领导力培训；五是授权政府各部门根据公共政策自主管理；六是审议和更新法律法规。[①] 虽然该战略因缺乏清晰的具体举措而略显空洞，特别是未能提出增强联邦国民议会立法权的具体计划或时间表，但该战略的提出仍表明阿联酋当局改革政治体系和改善政府表现的意愿。不仅在联邦层面，而且在地方酋长国，各种改革计划和发展愿景也纷纷出台，例如阿布扎比的"2030年经济愿景"和迪拜的"2015年计划"。据阿布扎比政府服务公司执行董事劳伦斯·格罗（Lawrence Groo）估计，每年公共部门预算支出的10%—

---

① "Shaikh Mohammed unveils federal government strategy", Khaleej Times, April 17, 2007, https://www.khaleejtimes.com/article/20070417/ARTICLE/304179929/1002.（上网时间：2017年12月5日）

15%都用于项目改革,① 这在世界范围也较为少见,充分说明了政府改革的决心。

2009年,为顺应改革的趋势,阿联酋再次修订宪法,主要包括:规定总理、副总理或各部长不应在任职期间与联邦或地方政府进行任何专业工作、商业、金融或贸易上的往来,但可担任商业或金融公司的董事会成员;联邦国民议会议员任职时间由2年延长至4年;在联邦国民议会增设总秘书处,并规定国际条约和协定在被批准之前,政府应先将国际条约和协定提交联邦国民议会讨论等内容。

宪法修正案体现出阿联酋的领导层为提高联邦国民议会在战略决策上的参与度所做的努力,此举将进一步推动总统发起的政治放权进程,并帮助议员加强在政治过程中的参与度。首先,不允许部长担任其他职位或与联邦及地方政府进行任何交易是一项旨在减少腐败和管理不善的措施,同时可确保官员更加恪尽职守。其次,延长议员的任期是一项具有积极意义的改革,因为议员拥有更长时间来熟悉机构的运作,从而获得更多经验,使议会运作更加有效。最后,虽然赋予联邦国民议会对国际条约和协定的监督权是一个非常小的进步,但这意味着联邦国民议会被纳入外交政策制定的过程中。总之,总统和联邦最高委员会对宪法修正案的批准,表明阿联酋当局对扩大联邦国民议会权力的统一认识。

在哈利法总统宣布逐步改革阿联酋政治体制、提高政治参与度的大背景下,阿联酋政府在21世纪前十年进行了渐进式的稳步改革,例如提高教育和卫生领域服务,为提高阿联酋公民的就业率而设立国家项目、修改宪法、媒体发起围绕选举和扩大联邦国民议会权力的讨论等,政府机构的透明度和问责制得到加强,同时表明阿联酋的政治正在向民主化发展。

2011年3月3日,由自由派和伊斯兰主义者组成的公民团体组织了一

---

① Lawrence Groo, Public lecture "Reinventing Government in the Middle East: Lessons from the UAE", The London School of Economics and Political Science, May 28, 2009.

次请愿活动，要求总统赋予联邦国民议会立法权并要求获得普选权。① 请愿团体包括联邦国民议会前议员、政府前官员、大学教授、作家、律师和人权活动家等，共获得133名公民的签名。请愿书除了被提交至总统办公室外，还被送到本地和国际媒体以及国际人权组织，部分签名者也通过卫星电视和网络进行宣传，因此请愿活动成为本地和海湾地区讨论的热门话题。但是，请愿活动没有得到阿联酋政府的官方回应。

中东剧变后，为平息潜在的反对力量，阿联酋政府采取一系列措施，使阿联酋成为为数不多未受波及的阿拉伯国家之一。2011年2月，阿布扎比王储穆罕默德访问经济欠发达的北方酋长国时宣布将为这些酋长国的公用事业基础设施建设投资超过15亿美元；② 2011年6月，政府宣布为6000多名失业的阿联酋公民创造就业机会；至2011年底，稳定400余种大宗商品的价格；③ 将联邦政府雇员的薪水增加35%—100%；设立27亿美元的基金以帮助低收入的公民偿还债务。④ 除此之外，为了维护政权的稳定，阿联酋当局逮捕或驱逐了一批异见分子，同时为表明民众对阿联酋领导人的合法性的坚决支持，阿联酋当局加强与部落贵族及较大部落成员的联系，争取他们的继续效忠，并通过官方媒体持续报道部落的效忠誓言，以此鼓励其余部落和商人阶层效仿。

---

① إماراتيون يرفعون رسالة لحكام الإمارات تطالب بإصلاح كلي للنظام البرلماني، https://www.ipetitions.com/petition/uaepetition71/. （上网时间：2017年12月5日）

② Simeon Kerr, "UAE offers poorer emirates ＄1.5bn", Financial Times, March 2, 2011, http://www.ft.com/intl/cms/s/0/d65660aa-44f6-11e0-80e7-00144feab49a.html#axzz2ymB2X8Do. （上网时间：2017年12月7日）

③ Emirates News Agency, "UAE freezes prices of 400 major commodities", Emirates 24/7, May 27, 2011, http://www.emirates247.com/news/emirates/uae-freezes-prices-of-400-major-commodities-2011-05-27-1.397963. （上网时间：2017年12月7日）

④ Emirates News Agency, "Salaries of UAE federal staff raised by 100%", Emirates 24/7, November 30, 2011, http://www.emirates247.com/news/emirates/salaries-of-uaefederal-staff-raised-by-100-2011-11-30-1.430917. （上网时间：2017年12月7日）

第四节　阿联酋政治制度的特点与问题

阿联酋的政治制度是在特殊的历史文化背景下建立，并在酋长制的基础上学习西方的总统共和制发展而来的，阿联酋政治结构的不断分化使阿联酋政治体系的功能不断完善，政府执政的能力不断增强，适应了经济和社会的发展，并最终促进阿联酋政治发展的进程。但在阿联酋政治发展进程中，年轻的政治体系在联邦制设计、国家权力架构等方面也存在一些问题。

一、松散的联邦制

阿联酋的油气资源分布极为不均，阿布扎比的油、气总储量占全国的94%和92%，剩余油气资源主要分布在迪拜、沙迦和哈伊马角三个酋长国。[1] 因此，阿联酋长期共存两种经济模式，一种是阿布扎比的能源经济，另一种是迪拜和其他五个酋长国的非能源经济。[2] 20世纪80年代前，一直是阿布扎比独自负担联邦预算，20世纪80年代后迪拜和其他酋长国才开始根据自身经济实力负担部分联邦预算。由于各酋长国在人口体量、占有资源以及发展道路上差距较大，阿联酋在维护和巩固联邦制的道路上遇到很多困难，各酋长国仍然保留着相当大的独立性和自主权。松散的联邦制导致阿联酋缺乏整体发展战略规划，各酋长国发展水平不均衡，酋长国间构建联邦经济、协调各地发展面临众多政策挑战。

建国初期，联邦大部分地区缺乏教育、医疗、交通、电力、供水、住

---

[1] 黄振：《阿拉伯联合酋长国》，社会科学文献出版社2015年版，第83页。
[2] Abdullah Omran Taryam, "The Establishment of the United Arab Emirates 1950 – 1985", London: Croon Helm, 1987, pp. 254 – 255.

房和通信设施,失业问题也很普遍,整体发展战略的制定不得不让位于大规模兴建基础设施的迫切需求。然而,整体战略迟迟没有出台,导致很多项目重叠,例如各酋长国都在建设水泥厂,国内存在5个国际机场,阿布扎比、迪拜、沙迦和哈伊马角都建有大容量港口等。毫无规划的发展造成对经济资源以及国家石油收入的浪费。1981年阿联酋制定了第一个五年经济计划(1981—1985年),旨在提高阿联酋公民的技能和通过发展非石油产业扩大经济生产基础。但是1982年后,国际油价下降导致政府收入降低,该计划没有得到很好地贯彻实施。各酋长国都致力于建设本国的基础设施,导致联邦层面的基础设施建设缓慢,"甚至在今天,都能看到富有的酋长国内铺设得漂漂亮亮的路面在到达邻国边界时逐渐消失并变成脏兮兮的小径"[1]。此外,各地管理机构设置较为混乱,管理权限发生重合。近年来,阿联酋出现一批新的酋长国一级的行政部门,与联邦层面机构的管理权限出现重合,它们之间的权力划分并不清晰,例如迪拜的知识与人力资源发展局是一个独立运营的部门,并不在联邦的高等教育部与国家人力资源发展和就业局的管辖范围内。

二、表面化的三权分立

阿联酋的政治制度只是表面上的三权分立。独立之初,刚刚脱离殖民统治的阿联酋从传统的部落社会走向现代国家,其政治结构表面上采用西方三权分立的制度,但不可避免地会受到千百年来传统的部族政治思维模式的影响。七个酋长国的统治家族既是联邦关键岗位的领导,又是其所在酋长国部落联盟的首领。尽管联邦政府在形式上已建立起行政、立法和司法三权分立的现代化管理体制,但这些权力都在不同程度上受到部落家族的影响和控制,尤其是阿布扎比和迪拜的统治家族在联邦政府运转和国家

---

[1] [英]克里斯托弗·M. 戴维森著,杨富荣译:《迪拜:脆弱的成功》,社会科学文献出版社2014年版,第225页。

政策制定方面有极大的发言权。总统和最高委员会更是拥有超越这种政治体制的至高无上的权力。作为名义上立法机构的联邦国民议会不能制定法律，并且总统和最高委员会可不接受联邦国民议会关于法律的修改意见。联邦行政权也掌握在总统和最高委员会手中，他们有权决定政府官员的任命。此外，联邦司法机构的法官也由总统和最高委员会任命。因此，阿联酋的立法、行政和司法机构均不能独立行使权力，是不彻底的三权分立。

三、统治家族与世袭网络

在表面三权分立的现代化政治制度下，无论是联邦一级的政府，还是各酋长国层面的地方政府，其实都是围绕不同的统治家族和世袭网络组建的。统治家族依靠近亲以及与之关系紧密的部落家族，构建了自上而下的金字塔式的利益网络，这种关系的建立往往依靠家族的传承与世袭。地方政府的各部门由酋长国各自小的世袭网络构成，联邦层面也是如此，各统治家族按照比例向联邦政府提供他们的代表，构成更大的世袭网络。

政治行政领导在执行体系功能和过程功能中具有十分重要的意义。在一个政治体系中，无论存在什么样的政策推动力，其往往集中于政治行政领导部门之中。[①] 阿联酋的政治体系更突出地反映出这一点，阿联酋的统治家族在整合国家认同、政府官员任命、政府决策等各个方面发挥了重大作用。一方面是因为传统政治文化和建国后的宪法都赋予领导者以绝对的权力；另一方面，虽然阿联酋在选择领导人方面更注重出身门第，但仍会兼重成就建树。也就是说，统治家族的成员虽然占据领导位置，但还是会根据能力选择适合者担任关键角色，例如扎耶德总统就在1966年取代其兄成为阿布扎比的酋长。随着国家向现代化发展的速度加快，这一趋势将会更加明显。

---

① ［美］加布里埃尔·A. 阿尔蒙德、小G. 宾厄姆·鲍威尔著，曹沛霖等译：《比较政治学——体系、过程和政策》，上海译文出版社1987年版，第309页。

依靠统治家族和世袭网络建立的政府会导致一个不可避免的后果,即阿联酋政府的各行政部门之间、立法和司法机关之间没有清晰的界限,议会和法院无法对政府权力本身进行有效约束。统治家族在各自的酋长国通常是最大的资本家,因为统治家族把控了政府决策,所以政策自然反映了统治家族的利益。在迪拜,统治家族的经济主导性更加明显,因此迪拜经常被称作"迪拜公司",迪拜统治家族马克图姆家族是最主要的股东。国际货币基金组织的报告指出,"阿联酋政府的财务活动与酋长法庭的活动相互影响,界定和区分收支的界限不清晰"。[1] 这种界限的模糊在房地产业特别有利可图,已经开发的城镇以外的土地在传统意义上是酋长的个人财产。迪拜有三家主要业务为房地产开发的庞大的控股公司,在很大程度上主导了迪拜的经济。酋长本人控制其中最大的一家——迪拜控股集团,其经营模式是依靠政府提供的无偿土地支持。[2] 迪拜政府拥有第二大公司以及第三大公司三分之一的股份。这三大公司造就了迪拜建筑业的繁荣,使迪拜在2007年成为世界上在建办公场地最多的城市,同时还建有相应数量的住宅。[3] 阿联酋本国没有满足房地产业发展需求的足够人口,因此为维持房地产经济,阿联酋必须保持足够的吸引力,出台各种政策吸引外国人到阿联酋购买住宅、开办公司、租赁办公场所,统治家族就这样把控了政府的决策。阿布扎比的情况也与之类似,阿布扎比将巨额石油收入投资到海外,国家的主要投资机构掌握在统治家族手中,酋长个人和国家之间的界限非常模糊,特别是在对外投资领域,有时以国家的名义进行,有时又以酋长本人的名义。这些投资机构行事低调,其账户资料从不对外公开,外界对他们持有资金的数额都停留在估计和猜测阶段,[4] 其活动更是不受任何监督和制约。

---

[1] International Monetary Fund, "United Arab Emirates: Selected Issues and Statistical Appendix", Country Report No. 03/67, 2003, p. 27.
[2] Moody's Investors Service, "Moody's Assigns A1 Rating to Dubai Holding", January 9, 2007.
[3] Colliers International, "Global Office Real Estate Review Midyear 2007", January 2007.
[4] 仝菲:《阿拉伯联合酋长国现代化进程研究》,西北大学博士学位论文,2010年,第52页。

第三章 阿联酋的政治参与和利益表达

政治参与是普通公民为实现其政治权益,通过直接或间接的方式以影响政治体系的构成、运行方式和规则以及政治决策的政治行为。[①] 在简单的政治体系中,没有专门的政治参与机构,个人可以接近首领,通过直接交谈的方式表达自己的诉求和反映自己的问题。而在现代化的政治体系中,政治参与主要是由专业化、有组织的利益集团来主导。

第一节 阿联酋公民的政治参与

如果政治参与度不仅是由参加选举投票的人数来衡量,那么阿联酋公民的政治参与度并不算低,因为较少的本国人口数量可以使公民通过直接参与、担任技术官僚、在国有部门工作等方式表达自己的意见,进而参与联邦政府制定社会和经济政策的过程。自2006年联邦国民议会的半数席位通过选举产生以来,符合条件的公民也可以通过参加选举来进行政治参与,关于阿联酋选举的详细情况将在本章第四节进行介绍,在此不再赘述。

[①] 李良栋、侯少文、刘春主编:《新编政治学原理》,中共中央党校出版社2001年版,第248页。

首先是直接参与政治的方式。尽管现代化的政治体系已在阿联酋建立起来，但其还保留着传统的部落民主制度，即部落酋长仍沿袭着在帐篷中接待部落成员，倾听他们的诉求并为他们解决困难的传统。这种直接的部落民主方式使人民可以自由地访问他们的统治者，直接表达意见，确保了统治者和人民之间的相互信任。

其次是担任技术官僚。阿联酋的政治结构如同一个企业化运作的国家，国家各个部门的运转离不开专业的技术官僚。今天，在公共管理和经济活动的许多领域，阿联酋公民发挥着越来越重要的作用。例如在石油工业领域，20世纪60年代进入该领域担任培训生的国民，现在已经成为石油行业主要部门的决策者。政府鼓励年轻人进入公共部门或私人企业担任职务，因为很多部门和机构需要国民担任领导，所以国家对技术官僚的需求量大增。年轻人往往担任初级职位，熟悉技术细节和复杂的项目过程，虽然不能进行最终决策，但可以参与政策制定的准备阶段。他们更倾向于将重视透明度和问责作为工作道德的一部分，并逐渐将其纳入公共和私人管理体系。阿联酋公民在联邦和各酋长国公共行政与私人经济方面的政治参与有助于弥补民主政治生活的缺失。

最后是在国有部门工作。在石油热兴起初期，阿联酋和其他海湾产油国一样，由于本国人受教育程度普遍偏低，政府机关主要雇用外国人从事管理工作。自20世纪70年代起，随着本国人口教育程度的提高，统治者鼓励公民到政府机关和国有企业工作。公民在公共部门工作获得的工资名义上与其服务的部门挂钩，其实更应被理解为是由联邦政府按月发放的生活费。决定公民收入的不是本地劳动市场，而是国际市场的石油政策和价格的变化。政府雇用公民的数量不是由政府部门按实际需求决定的，而是由需要工作的公民数量决定的。拥有固定收入的富裕公民开办了大量的私营企业，企业雇员大多是外国劳工。外国劳工没有机会获得公民身份，获得的报酬与其来自国家的薪资水平有关。但是，即使是技术娴熟的劳工，在工资待遇方面也与本国公民相差甚远。这就导致技术不如外国劳工熟练的本国公民在开放的劳动力市场上远没有来自其他贫困国家的劳工有竞争力，私营企业基本不会雇用本国公民，本国公民就依靠政府提供的"保留工资"生活。迪拜和其他较小的酋长国缺乏石油资源，因此更有动力发展私营企业以促进本地经济增长，但来自较小酋长国的公民仍会选择去阿布扎比或迪拜的国有部门工作。时至今日，有约90%的公民在国有岗位工作。妇女同样享有这些工作机会，目前在参加工作的人口中妇女的比例正快速提高。

第二节 阿联酋的利益集团

利益集团是一个普适性概念，主要是指社会中的一些成员为了共同的集团利益而结合在一起，通过积极行动而达到共同目的的一种社会组织。[①] 除上文所述个人方式的政治参与之外，根据阿尔蒙德从组织角度出发的分类方式，可以把利益集团分为四种类型：非正规的、非社团的、机构性的和社团性的。[②] 存在于阿联酋社会的利益集团主要为后三种，即非社团性利益集团、机构性利益集团和社团性利益集团。

一、非社团性利益集团

非社团性利益集团的主要特点是没有专门的组织，其通常建立在共同的利益、族群、地区、职业等认同的基础上。阿联酋的政治反对派主要存在于要求政治改革的自由主义和宗教团体中，但他们的立场却截然不同。不同于组织严密的宗教团体，自由主义者没有专门的组织，也不会进行有组织的集体行动，他们构成阿联酋重要的非社团性利益集团。自由主义者

[①] 杨光斌：《政治学导论》，中国人民大学出版社2011年版，第217页。
[②] ［美］加布里埃尔·A. 阿尔蒙德、小G. 宾厄姆·鲍威尔著，曹沛霖等译：《比较政治学——体系、过程和政策》，上海译文出版社1987年版，第202页。

继承了反殖民主义和民族主义的意识形态，主要诉求是扩大选举和增加政治体制的透明度。20世纪以来，商人阶层为维护自身地位而发起一系列要求提高民众政治参与的运动。阿联酋建国后，伴随着地租型国家模式的建立，商人阶层通过承担国家项目融入联邦体系，成为资本家，他们受益于现行的政治制度，因此缺乏改革的动力。但是，随着阿联酋人口的增长、教育水平的提高以及政治社会化新方式的出现，许多人重新在自由主义思想中找到他们所关心的种种社会问题的答案。有学者认为，阿联酋的自由派是由受过教育的政治精英、新兴的中产阶级和受中东剧变影响的年轻一代组成的，他们认为阿联酋迫切需要进行政治改革，呼吁联邦国民议会全部实行选举，并赋予联邦国民议会更多权力。[1]

自由主义者中，一部分人认为阿联酋人已经准备好建立民主制度，因此反对政府渐进式的改革；另一部分人则对改革持更为谨慎的态度，特别是在中东剧变之后。在阿联酋，人们对于自自由主义的支持倾向仍然有限，因为自由主义者带有世俗主义的负面含义，在一些人看来，世俗主义是等同于无神论的。[2] 对一些阿联酋人来说，民主这个词也有负面的含义，因为他们认为这是一种美国强加给他们国家的外来制度。[3] 自由主义者一直在本地媒体、联邦和国际公共活动及会议上呼吁进行政治改革。同时，他们在互联网社交媒体上也表现活跃，强调要加强问责制、透明度和法治。与对待宗教主义者不同，阿联酋政府允许自由主义知识分子在很大范围内表达他们的想法，因此自由主义者得以积极参与当地媒体和公共活

---

[1] Abdulkhaleq Abdullah, "UAE discourse on democracy", Gulf News, June 22, 2011, http://gulfnews.com/opinions/columnists/uae-discourse-on-democracy-1.824858. （上网时间：2017年12月25日）

[2] Sultan Sooud Al Qassemi, "A window on FNC political scenarios", Gulf News, August 8, 2011, http://gulfnews.com/opinions/columnists/a-window-on-fnc-politicalscenarios-1.848543. （上网时间：2017年12月25日）

[3] Christian Koch, "Economic trumps politics in the United Arab Emirates", in Mary Ann Tetreault, et al. (eds), Political Change in the Arab Gulf States: Stuck in Transition, Boulder and London: Lynne Rinner, 2011, p.184.

动。进入21世纪，自由主义者发起过数次请愿活动。数个未署名的社会组织在2009年海湾合作委员会峰会时提交了一份致海湾合作委员会领导人的声明，呼吁实施经济一体化，并强调海湾合作委员会成员国通过民选议会进行政策制定和决策的必要性。同年，部分阿联酋学者与重要的文化和媒体人物向总统递交了一份请愿书，要求联邦国民议会停止讨论具有争议的媒体法，呼吁放宽新闻和言论自由的限度，这也是第一次有特定人群署名的请愿活动。2011年3月，一些自由主义知识分子和社会组织向阿联酋总统递交了要求获得普选权和赋予联邦国民议会立法权的请愿书。中东剧变发生后，政府加大了对宗教改革派的打击力度，自由主义者也受到波及，因此，阿联酋的大部分自由主义者对改革的呼声保持了沉默。

二、机构性利益集团

机构性利益集团主要存在于军事集团、公司或党派中，在社团性利益集团数量有限或不起作用的政治体系中，机构性利益集团由于拥有通信网、共同的利益及资源控制权，所起的作用非常明显。[①] 在阿联酋，存在较为广泛的利益集团正是以国有大公司为代表的机构性利益集团，例如阿布扎比的阿布扎比投资局、穆巴达拉发展公司、国际石油投资公司，以及迪拜的迪拜投资公司、迪拜控股集团、迪拜世界集团等。这些公司由酋长国政府控制，与酋长本人或统治家族成员密切相关，掌握了酋长国的经济命脉。如上文所述，由于酋长个人和国家之间的界限非常模糊，这些公司的财务数据和收益分配情况都不对外公开，但却对阿联酋政策制定具有重大的影响力。

[①] [美]加布里埃尔·A. 阿尔蒙德、小G. 宾厄姆·鲍威尔著，曹沛霖等译：《比较政治学——体系、过程和政策》，上海译文出版社1987年版，第206页。

三、社团性利益集团

社团性利益集团是专门从事利益表达的机构，是为表达某些特定集团的目标而建立的。在阿联酋，法律对于任何形式协会的建立规定都极其严格。考虑到绝大多数居民是外国人，而且来自经常爆发政治和社会冲突的国家，阿联酋政府希望尽可能避免这种不断恶化的问题。因此，即使是环保组织、艺术协会或以贸易为基础的外国慈善团体，目前也很少见。造成阿联酋社团性利益集团缺失的一个重要原因是，家族和部落社会的延伸网络具有完整性，国民对正式的社会支持组织的需求不高。但是，随着时代的发展，人们居住和工作的范围越来越广，家族和部落社会面临解体，本地居民加入正式的社会组织来分享共同利益的必要性逐渐增加。近年来，全国律师协会、作家协会、传统俱乐部或学生联合会等全国性专业协会的成立受到政府的鼓励，但是这些组织基本上是政府创立的，或者依赖于政府资助。

除此之外，虽然阿联酋不允许政党存在，对社会团体也有严格限制，但宗教组织确实存在于阿联酋社会。与自由主义者情况类似的是，宗教主义者也来自社会的各阶层，但其大部分支持者属于受过教育的中产阶级。在阿联酋的宗教组织中，最有组织性和最受支持的是穆斯林兄弟会在阿联酋的分支——改革与社会指导协会（Reform and Social Guidance Association）。该组织的目标是宣扬伊斯兰的社会和文化价值观，参与慈善活动。此外，该组织的一些成员积极要求进行政治改革，以获得合法的政治影响力，并通过出版刊物呼吁建立遵循伊斯兰原则的社会秩序，要求更严格地实行伊斯兰教沙里亚法。与此同时，该组织的成员声称他们赞同温和的伊斯兰教政治价值观，反对暴力，并且与境外组织没有直接联系。但是，阿联酋政府认为这类宗教组织不仅是对国家政治稳定的威胁，阻碍了阿联酋从部落社会成为现代国家的转型，而且还与境外穆兄会存在政治和经济上的联系。

随着人口结构失衡的加剧，阿联酋在20世纪90年代出现了一场全国性的辩论，主要的论点是质疑现代化与西方化之间的界线，以及西方是否真的值得效仿。为了回应这些问题，有些人认为是时候回归本源了，特别是将伊斯兰教作为重新获得真正的文化身份的一种手段。[①] 虽然伊斯兰主义观点在阿联酋社会得到广泛支持，但这并不意味着他们支持政治伊斯兰化或穆斯林兄弟会。即使是在政治伊斯兰于阿拉伯世界兴起的2012年，据估计，在阿联酋赞成政治伊斯兰化的人数只有约600人，[②] 而改革与社会指导协会则声称拥有约2万名支持者。[③]

第三节 阿联酋的政治运动

目前，无论是在阿联酋国内还是国外，都不存在有组织的政治运动。但是情况并非历来如此，阿联酋在20世纪曾发生过数次政治运动，这些政治运动的发展历程分别反映了统治家族与商人阶层、阿拉伯民族主义以及伊斯兰复兴主义的矛盾与斗争。

一、迪拜改革运动

在英国殖民统治时期，地租型国家模式尚未建立，统治阶层与民众之间也未达成"不纳税、无代表"的社会契约。商人在海湾沿岸的城镇中扮

[①] Fatma al-Sayegh, "Post-9/11 Changes in the Gulf: The Case of the UAE", Middle East Policy, Vol.11, 2004, pp.113-116.

[②] Sultan Soooud Al Qassemi, "Political Islamists arouse suspicion", Gulf News, May 20, 2012, http://gulfnews.com/opinions/columnists/political-islamists-arouse-suspicion-1.1024949. （上网时间：2017年12月25日）

[③] Kristian Coates Ulrichsen, "The UAE: holding back the tide", Open Democracy, August 5, 2012, http://www.opendemocracy.net/kristian-coates-ulrichsen/uaeholding-back-tide#_ftn2. （上网时间：2017年12月25日）

演关键的政治角色，因为统治者依赖于关税和采珠业带来的税收，通常需要向商人寻求经济援助。作为回报，统治者用自己的武装力量保护商人进行贸易。但是，如果统治者征收的税过于沉重，商人们可以选择搬到另一个城镇开展他们的商业活动。因此，统治者别无选择，只能接受商人的意见，并在顾问委员会或议会中给予他们代表权。因此，无论其是阿拉伯人还是非阿拉伯人，出身于部落或非部落，商人都与统治者关系密切。石油时代的到来使商人和统治者之间相互依赖的关系逐渐变淡，石油租金使统治者在经济上不再依靠商人。但是，商人不甘于接受新的现实，在20世纪上半叶发起数次要求提高民众政治参与度的政治运动。

这一时期的政治运动主要发生在迪拜，也涉及沙迦、哈伊马角等海上贸易繁荣的酋长国。20世纪30年代是迪拜的统治家族遭遇经济困难的时期，统治家族的财富和对社会的政治影响力都在衰退。虽然通过与英国签订协议做出让步，统治者家族的地位得到加强，酋长的个人财富状况得到改善，但商人主导的政治活动还是出现在这一统治家族控制力最弱的时期。这些运动的政治理念尚未成熟，但宗旨是推动成立具有执行和管理权的代表制议会，负责指导商业、政治和社会的改革，以此改变酋长国社会长期对政治漠不关心的传统。

迪拜第一次反对酋长的政治运动发生在1929年，起因是马克图姆家族的一些成员与酋长顾问中的贵族结成同盟，共同反对赛义德·本·马克图姆酋长（Saeed bin Maktoum）对英国的政策。反殖民主义运动推翻了赛义德酋长的统治，并推举了新酋长，但由于未得到英国的承认，赛义德酋长很快又恢复了权力。此后，在英国的帮助下，虽然迪拜内部仍然有反对酋长的力量活动，但赛义德酋长一直保持着他的统治，直至1938年再次爆发冲突。这一冲突首先源自酋长不认同英国强加的政策，例如减少奴隶贸易和武器运输的措施，而这些都是两次世界大战期间酋长的重要收入来源。其次是因为酋长没有顾及统治家族和酋长国的利益。1937年，赛义德酋长签署了保证他个人固定年收入的石油和航空协议，但他既没有与统治家族分享收益，也没有对迪拜的发展产生任何影响。1938年5月，迪拜统治家族所属的部落分支阿勒布·法拉萨部落向赛义德酋长提交请愿书，要求公布预算和王室专款清单、建设迪拜的医疗卫生和城市卫生设施、重组海关部门、规定王室家族的固定津贴等。[①] 酋长对他们的要求没有做出积极回应，最终导致在1938年夏天爆发了迪拜改革运动，受科威特改革运动支持的反对者们集结了约400人，攻占了数个堡垒，占领了德伊勒商业区，极大地削弱了酋长的权威。

经过长期的协商，1938年10月，在英国人和谢赫长老们的调解下，迪拜改革运动组织成功实现了他们的诉求，一个由15名成员组成的咨询委员会性质的议会建立，酋长担任议会主席，成员由统治阶层任命，任何有效决策都需经过大多数成员的同意才能执行。酋长被迫拿出个人收入的85%用来改善社会条件，提高城镇经济活力。他们进一步建立了商人委员会，以及特鲁西尔诸国中的第一个市政委员会，并特别注重投资教育领域的发展。迪拜改革运动不仅是一场宫廷政变，而是一场将越来越壮大的商人阶层的要求融入以统治阶层为主导的迪拜权力结构中的尝试。

二、迪拜国民阵线运动

在20世纪50年代，海湾地区的政治运动受到伊拉克、叙利亚、黎巴嫩和埃及的政治运动的直接影响。特鲁西尔诸国的国民可以看到来自这些国家的、公开批评英国在海湾地区殖民统治的报纸。来自埃及、伊拉克、叙利亚和黎巴嫩的阿拉伯教师积极传播阿拉伯民族主义观点，提高了民众对反帝国主义运动和巴以冲突的认识，极大地影响了海湾地区居民的政治思想和行为方式。在此背景下，阿拉伯民族主义组织开始出现在特鲁西尔诸国地区，主张结束英国殖民统治，推翻寡头政治的统治。同时，鼓励当地和外籍学生高举阿拉伯民族主义的标语和旗帜进行示威，并策划实施暴

---

① Rosemarie Said Zahlan, "The Origins of the United Arab Emirates: A Political and Social History of the Trucial States", London – New York: Macmillan, 1978, pp. 256 – 257.

力活动,例如企图烧毁在沙迦的英国军事基地。① 迪拜的学校甚至开始公开张贴埃及总统纳赛尔的照片,并庆祝阿拉伯联合共和国的诞生。② 这就是 1953 年本土阿拉伯民族主义运动——迪拜国民阵线（the Dubai National Front）的起源。

迪拜国民阵线主要由逊尼派阿拉伯商人组成,他们与科威特、巴林、沙特和埃及保持联系,抵制波斯和印度商人日益增长的势力,主张削弱统治家族权力,反对英国干涉酋长国内政。该组织约有 500 名成员,他们策划实施了针对英国殖民统治者和本地统治家族的系列暴力袭击。③ 直至 1958 年,拉希德·本·赛义德继承了迪拜酋长,鉴于酋长本人的商人身份,统治者以包容的态度对待商人群体,冲突才得以缓和。拉希德酋长通过整合国民阵线的支持者重组了迪拜市政委员会。尽管新机构所做的所有决定必须得到酋长的批准,但这种整合反映了统治者已意识到,为了平息政治上的反对,他们不得不将商人中的精英群体融入政治体系中。同时,商人们也意识到,英国对统治者的支持会阻碍他们在政治上取得任何进一步的成果,因此他们也同意在新机构内工作。

同一时期,伴随着左翼思想和民族主义意识形态的兴起,伊斯兰极端主义也开始在海湾地区蔓延。而阿布扎比拥有较为广阔的内陆面积,其社会更加同质化,与沿海酋长国相比更加保守,因此在联邦建立前的几十年里没有遇到过来自商人群体的政治反对。为遏制阿拉伯民族主义的影响,各酋长与英国官员密切合作,加强安全部队的军事力量和对地方法院的控制,同时重组教育部门,清除教师中的左翼人士。

20 世纪 60 年代初期,阿联酋的阿拉伯民族主义运动开始衰落,石油租金和阿联酋融入世界资本主义市场是两大关键原因。石油收入使得统治

---

① Christopher M. Davidson, "Dubai: The Vulnerability of Success", New York: Columbia University Press, 2008, p. 42.
② Donald Hawley, "The Trucial States", London: Allen & Unwin, 1970, pp. 116 – 200.
③ Christopher M. Davidson, "Dubai: The Vulnerability of Success", New York: Columbia University Press, 2008, p. 43.

者不但免于向人民征收各种形式的税收，而且可以为人民提供公共服务，有助于联邦政府巩固在建国初期建立的合法性。虽然统治者作为社会福利的提供者，使商人阶层逐渐失去以往的权力，但在新的社会政治和经济环境中，商人作为社会服务的供应商，又拥有新的角色，他们负责重要的国家开发项目，重新获得有限的政治影响力。

三、改革与社会指导协会运动

伴随着阿联酋经济的快速增长以及教育的普及，人们对政治问题和意识形态的认识有所增强，加之来自埃及、巴勒斯坦、约旦等国的专业教师在早期学校发展中发挥了重要作用，教育成为伊斯兰主义者和统治家族之间的关键战场。正如穆罕默德·穆尔西·阿卜杜拉（Mohammed Morsy Abdullah）在他对阿联酋早期历史的研究中提到的："教育很快成为推动文化和政治变革的力量。教育的进步不可避免地带来当代阿拉伯民族主义运动的意识，其他阿拉伯国家的帮助加强了特鲁西尔诸国和阿拉伯兄弟的联系。"[①] 除了阿拉伯民族主义外，很多教师拥有穆斯林兄弟会背景。他们中有一些是20世纪60年代埃及取缔穆兄会组织时逃离埃及的，有一些是支持穆兄会理念的当地人。他们在阿拉伯国家向学生宣传这些理念，这其中就包括来自阿联酋的学生。1974年，曾在埃及和科威特留学的阿联酋学生中的积极分子与埃及穆兄会流亡成员合作，在迪拜建立了改革与社会指导协会。该组织根据穆兄会理念建立，但在运行上保持独立。

（一）改革与社会指导协会的兴起

一开始，改革与社会指导协会得到阿联酋部分酋长的默许与支持。迪拜酋长和阿布扎比酋长都为该组织提供过资金和活动场地的支持，哈伊马

[①] Mohammed Morsy Abdullah, "The United Arab Emirates: A Modern History", London: Croon Helm, 1978, pp. 143–144.

角酋长萨格尔·本·穆罕默德·卡西米更是该组织的重要赞助者，他的侄子苏尔坦·本·凯耶德·卡西米（Sultan bin Kayed Al Qasimi）是该组织的领导人。此外，该组织还获得穆兄会科威特分支在人员培训等方面的帮助。

改革与社会指导协会得到阿联酋的官方支持还包括任命该组织成员担任内阁部长：1971年任命赛义德·阿卜杜拉·萨拉曼（Saeed Abdullah Salman）担任住建部部长，1979年转任教育部部长；1977年任命穆罕默德·阿卜杜拉赫曼·拜克尔（Mohammed Abdul Rahman al‑Bakr）担任司法和伊斯兰事务与捐赠部部长；1979年任命赛义夫·贾尔万（Saif al‑Jarwan）担任劳动与社会事务部部长。值得一提的是，上述三人都来自哈伊马角。任命改革与社会指导协会成员担任政府官员意味着政府允许该组织参与政策制定，特别是在教育领域。因此，在20世纪70年代末期，教育部部长和司法部部长的职务使该组织在阿联酋的宗教和教育机构中建立起稳固的立足点。

（二）联邦政府对改革与社会指导协会态度的转变

20世纪80年代，随着改革与社会指导协会在教育领域的影响力日渐增大，联邦政府与该组织关系转冷。20世纪90年代以来，官方认为该组织公开从事政治活动，因此双方关系急转直下。改革与社会指导协会成员长期在阿联酋教育系统占据关键职位，引起联邦政府对该组织潜在政治影响力的担忧。改革与社会指导协会曾发起运动反对当时的教育部部长，包括试图阻止在小学开设英语课、反对开设音乐课、禁止女学生学习音乐和舞蹈课等。除此之外，该组织还开设讲座、举办研讨会宣扬西方思想和文化入侵的危害。[1] 1979年赛义德·阿卜杜拉·萨拉曼担任教育部部长时还兼任阿联酋大学的校长，这所大学成为改革与社会指导协会成员策划学生

---

[1] Mansour al‑Noqaidan, "Muslim Brotherhood in UAE: Expansion and Decline", Dubai: Al Mesbar Center for Studies and Research, 2012, p. 5.

运动的温床。1983年，改革与社会指导协会在内阁中的两位成员被撤换，但该组织对阿联酋社会的影响并未消失，继续通过控制学生会以及阿訇在主麻日的宣讲对阿联酋社会进行渗透，① 尤其是该组织对阿联酋青年的影响成为政府心头的隐忧。

20世纪80年代，改革与社会指导协会曾出版同名杂志捍卫传统社会价值观，反对西方价值观的侵蚀。20世纪80年代末期，改革与社会指导协会在杂志上刊发的大量文章表明，该组织已从普通的社会批评转变为公然反对政府的教育政策。政府对该杂志处以停刊6个月的惩罚，再次复刊后，该杂志较少涉足政治领域，转而关注不太敏感的社会问题。② 1988年，迪拜的宗教捐赠部要求阿訇在周五讲经前提前提交他们要讲的内容，以避免出现任何争论。③ 直至1994年，政府开始对改革与社会指导协会采取措施，关闭了其在迪拜的总部。此后，改革与社会指导协会将总部转移至哈伊马角，在哈伊马角酋长的庇护下继续存在。

阿联酋政府对改革与社会指导协会态度的转变也存在外部因素催化的原因。1994年埃及总统穆巴拉克在访问包括阿联酋在内的海湾国家时，提醒半岛统治者警惕伊斯兰宗教团体的威胁，并指控改革与社会指导协会成员为埃及的暴力组织提供资金。有报道称，穆巴拉克结束访问后，扎耶德总统开始对改革与社会指导协会成员进行国家安全调查。④

（三）改革与社会指导协会走向衰弱

1994年，联邦政府用政府任命的官员替换改革与社会指导协会主席团

---

① Courtney Freer, "The Muslim Brotherhood in the United Arab Emirates: Anatomy of a Crackdown", Middle East Eye, December 17, 2014.
② Mansour al‐Noqaidan, "Muslim Brotherhood in UAE: Expansion and Decline", Dubai: Al Mesbar Center for Studies and Research, 2012, p. 7.
③ Courtney Freer, "The Muslim Brotherhood in the United Arab Emirates: Anatomy of a Crackdown", Middle East Eye, December 17, 2014.
④ "Wave of Arrests Puts Al‐Islah Back in the Spotlight", Gulf States Newsletter, Vol. 36, No. 924, May 24, 2012, p. 4.

成员，使得该组织越来越难以脱离政府的掌控。20世纪90年代末期开始，该组织大部分成员不再从事教育领域工作，转而进入其他政府部门。"9·11"事件爆发后，19名劫机分子中有两名是阿联酋公民，进一步引发阿联酋政府对国内伊斯兰运动的担忧。

中东剧变发生前，政府一直对改革与社会指导协会采取比较温和的清洗方式而不是全盘镇压。2003年，阿布扎比副王储穆罕默德·本·扎耶德同改革与社会指导协会派出的代表团召开会议，要求该组织在放弃伊斯兰意识形态和同继续与穆兄会保持联系但从教育领域退出之间做出选择，[①]最终双方未能达成一致。此后，政府继续将该组织成员清除出教育领域，转移到不太敏感的岗位。

2010年10月，哈伊马角酋长萨格尔·本·穆罕默德·卡西米逝世，该组织失去最重要的保护伞。3个月后中东剧变发生，国家安全部门对改革与社会指导协会进行系统性清除，该组织再也不能对政府造成任何威胁。

第四节 阿联酋的选举制度

在脱离英国统治的前30年里，海湾国家几乎完全否定了变革。但20世纪90年代中后期以来，一些海湾国家在构建参与式政府方面取得显著进展。例如，卡塔尔发起民主化政府的运动；巴林实现了君主立宪制政体和民选议会；阿曼开启了议会选举的实验，将妇女纳入选民和候选人中，未来将寻求在本地人口中逐渐扩大民主化。美国2004年提出的"大中东民主改造计划"进一步引发海湾地区知识分子对本国政府的民主程序和政治透明度缺失的认知，对民主的讨论成为许多阿拉伯学者和公众人物重点关

[①] Lori Plotkin Boghardt, "The Muslim Brotherhood on Trial in the UAE", The Washington Institute Policy Watch, No. 2064, April 12, 2013.

注的议题。时任迪拜王储的穆罕默德·本·拉希德在2004年阿拉伯战略论坛向西方领导人传达了海湾地区领导者已认识到有必要做出民主变革的信息。①

尽管在阿联酋媒体和各酋长国的私人集会上讨论民主化问题已成为普遍的潮流,但却无法准确得知阿联酋在这些问题上的立场。

一、联邦层面选举的开始

选举是使不同利益能够被平等和全面表达出来的有效方法之一。阿联酋不允许任何形式的政党存在,专门化的利益集团发挥的作用也不大,因此阿联酋的选举制度十分特殊。

联邦国民议会自成立以来的34年里一直是一个严格通过任命方式产生的咨询机构,但在2004年11月扎耶德总统去世后不久,联邦国民议会开始进行谨慎且最初非常有限的政治参与尝试。2006年2月,阿联酋设立联邦国民议会事务国务部,负责政府与联邦国民议会之间的协调,参与起草与联邦国民议会有关的立法,以及监督与议会有关的媒体事务。安瓦尔·穆罕默德·加尔加什被任命为部长,负责联邦国民议会的第一次选举,这也是阿联酋历史上的第一次选举,即联邦国民议会40个席位中有20个通过选举产生。

(一) 选举前的准备工作

为应对选举,阿联酋专门成立了国家选举委员会,并与巴林的中央信息组织密切合作,定制了由巴林中央信息组织与微软共同开发的电子投票系统。② 所有的投票都是通过电子投票形式进行的,这使得阿联酋成为第

---

① Frauke Heard-Bey, "The United Arab Emirates: Statehood and Nation-Building in a Traditional Society", Middle East Journal, Vol. 59, No. 3, 2005, p. 367.
② Fadi Salem, "Enhancing Trust in e-Voting Through Knowledge Management: The Case of the UAE", Dubai School of Government Research Paper, June 2007, pp. 5-6.

一个引入电子投票的阿拉伯国家。为增加国民对于选举相关知识的了解，以及提升国民的政治参与意识，联邦国民议会事务国务部进行了一系列宣传并实施了相关计划，例如为选民和候选人举行各种培训研讨会、在投票前几周进行投票模拟、建立电话服务中心以解决选举团成员对于选举过程的任何疑问。选举团成员还可以通过联邦国民议会事务国务部网站或国家选举委员会网站在线查询时间表和选举规定，或者通过电子邮件咨询。

阿联酋通讯社专门建立了媒体中心，配备了最新设备，向国内和国际社会报道选举。设立在各酋长国的 7 个投票站的开放时间为早上 8 点到晚上 7 点，确保所有选民都完成投票。投票过程包括确认身份、电子投票、打印选票，以及将选票投到选举箱中。

（二）选举制度

阿联酋最初开始选举实践时还没有专门的选举法，因此 2006 年和 2011 年联邦国民议会选举是在 2006 年联邦内阁第 4 号法令和总统第 3 号令的选举执行指令的指导下进行的。根据选举指令，全国划分为 7 个选区，代表七个酋长国。首次选举在 2006 年 12 月举行，先由七个酋长国的酋长提名有选举权的公民组成选举团。各酋长国可按照他们在联邦国民议会的代表数的 300 倍提出人选。在对选举名单进行安全审查后，共有 6595 人最终组成选举团，其中包括 1162 名女性。他们有资格投票给包括 391 名男性和 65 名女性在内的 456 名候选人。[①] 这一数字仅占总人口的 0.08%。由于政党在阿联酋是非法的，候选人以无党派人士的身份参选，并且只有选举团的成员才有资格竞选联邦国民议会分配给其所在酋长国的席位。候选人必须是阿联酋公民，且为其所在酋长国的永久居民，25 周岁以上，有文化，无犯罪记录。投票也并非强制性的，因此最终参加投票的主要是大学毕业生和年龄在 21 岁至 40 岁之间的公民。

---

① نبذة عن الانتخابات السابقة، اللجنة الوطنية للانتخابات https://www.uaenec.ae/ar/about-us/about-fnc-elections. （上网时间：2018 年 1 月 5 日）

(三) 投票和竞选情况

6595 名选举团成员中,来自阿布扎比的为 1741 名,迪拜的为 1520 名,哈伊马角的为 1061 名,沙迦的为 1017 名,阿治曼的为 436 名,富查伊拉的为 417 名,乌姆盖万的为 403 人。其中,各酋长国参加竞选议员的候选人数分布情况为:阿布扎比 110 名,迪拜 82 名,沙迦 101 名,哈伊马角 83 名,阿治曼 24 名,富查伊拉 37 名,乌姆盖万 29 名,全国的投票参与率为 74.4%。① 而同期在阿联酋满足选举团成员条件的公民大约有 40 万,实际被提名为选举团成员的人数仅占总人数的 2.2%。② 就各酋长国的情况来看,投票参与率最高的是乌姆盖万,达到 88.83%;其次是阿治曼和沙迦,分别为 85.09% 和 82.20%;再次是哈伊马角,为 78.98%;最低的是迪拜和阿布扎比,分别为 71.5% 和 60%。③

2007 年 5 月联邦国民议会事务国务部发布的报告显示,超过 50% 的候选人拥有大学水平的学位,大多数候选人在政府部门工作,④ 候选人在选举前有两周的时间从事竞选活动。因为没有反对党候选人,并且所有候选人都是预先挑选的,所以选举基本不会出现难以掌控的结果。唯一不确定的因素是投票率,即使选民是经过政府审查的,也会存在对选举过程不感兴趣的或不认同选举方式的选民。

---

① May Al-Dabbagh and Lana Nusseibeh, "Women in Parliament and Politics in the UAE", in Women, leadership and development in the Middle East, Dubai School of Government Report for Ministry of State for Federal National Council Affairs, 2009, p. 23.

② Abdul Khaleq Abdullah, "Chosen people of the UAE", Gulf News, October 23, 2006, http://gulfnews.com/opinions/columnists/chosen-people-of-the-uae-1.261453. (上网时间: 2018 年 1 月 5 日)

③ May Al-Dabbagh and Lana Nusseibeh, "Women in parliament and politics in the UAE", in Women, leadership and development in the Middle East, Dubai School of Government Report for Ministry of State for Federal National Council Affairs, 2009, p. 52.

④ K. T. Abdurabb, "First UAE Election Report Released", Arab News, May 10, 2007, http://www.arabnews.com/node/298212. (上网时间: 2018 年 1 月 5 日)

(四) 女性参与选举情况

此次选举中，只有18%的选举团成员为女性。[1] 来自阿布扎比的阿迈勒·古拜希（أمل القبيسي）当选为联邦国民议会的首位女议员，另有8名女性通过直接任命的方式成为联邦国民议会议员。联邦国民议会的40名代表中共有9位女性，占据22.5%的席位。[2] 虽然联邦积极鼓励妇女参与国家政治，近年来妇女参与政治的比例也有提升，但在一些较为保守的酋长国，妇女参政的权利还是被限制了。一名参与2006年联邦国民议会选举的女性候选人表示："在哈伊马角，我们发现了许多障碍，因为我们的社会在本质上是一个部落，这阻碍了妇女发挥领导作用。"[3]

二、联邦层面选举的扩大

20名通过选举产生的议员上任后，积极致力于维护联邦国民议会的权利。有部分议员要求阿联酋政府在批准法律草案之前先提交联邦国民议会讨论，但未获成功。

(一) 联邦国民议会的第二次选举

2010年是2006年成立的联邦国民议会任期的最后一年，但是政府没有宣布举行换届选举的计划，这在阿联酋一度引发政府会推迟选举并将联邦国民议会任期延长4年的猜测。直到2011年发布总统第2号令修改2006年总统第3号令的一些条款，政府才宣布将举行2011年联邦国民议会选

---

[1] K. T. Abdurabb, "First UAE Election Report Released", Arab News, May 10, 2007, http://www.arabnews.com/node/298212. (上网时间：2018年1月5日)

[2] نبذة عن الانتخابات السابقة، اللجنة الوطنية للانتخابات, https://www.uaenec.ae/ar/about-us/about-fnc-elections. (上网时间：2018年1月5日)

[3] May Al-Dabbagh and Lana Nusseibeh, "Women in parliament and politics in the UAE", in Women, leadership and development in the Middle East, Dubai School of Government Report for Ministry of State for Federal National Council Affairs, 2009, p. 29.

举。此次选举依然沿用选举团制度,联邦国民议会事务国务部长加尔加什表示,此举是为了阻止伊斯兰激进组织对阿联酋的渗透。①

联邦国民议会第二次选举于 2011 年 9 月 24 日举行,选举团的规模扩大到 135 308 名选民。其中,包括 85 名女性在内的 469 名候选人参与了竞选。选民中包括 54% 的男性和 46% 的女性。② 此次选举中,候选人首次利用社交媒体网络进行竞选活动,并与选民互动,部分候选人还在电视节目上讨论他们的提案。第二次选举中,选举团的规模比第一次扩大了 20 倍,但投票率却大幅下降至 27.75%,并且投票主要基于部落认同,尤其是在较为保守的北部酋长国。选举委员会和选举团成员之间没有固定的联系机制,公民只能在联邦国民议会网站上查询是否入选选举团。这也从侧面解释了投票参与率较低的原因。投票率最低的酋长国阿布扎比更是下降至 21.3%;其次是迪拜,为 24.7%;投票率最高的酋长国是乌姆盖万,达到 54.7%。尽管中东剧变的影响和选举团成员数量的扩大激发了公民的竞选热情,但最终参加竞选的候选人数几乎与 2006 年的数据持平。来自乌姆盖万的伊萨·加内姆·伊萨·阿丽(عيسى غانم عيسى العري)成为唯一一名通过投票选出的女性议员。

阿联酋政府在保证选举过程的透明度方面付出巨大努力,但电子投票系统还是出现一些技术问题,对选举过程造成一定影响,例如在没有打印证明的情况下通过触屏检查投票有效性较为不便、选民的身份认证存在漏洞等,并且电子投票系统也引发公众对统计选票公正性的质疑。本次选举中,全国的投票站升至 13 个,其中有 3 个投票站位于阿布扎比,两个在迪拜,另外 8 个分布在其余五个酋长国。投票站的开放时间是早 8 点至晚 7 点,因为部分投票站出现技术问题,因此比原计划

---

① Michele J. Sison, "FNC Elections: 'Political Participation, not Democracy'", WikiLeaks, June 27, 2006, https://www.wikileaks.org/plusd/cables/06ABUDHABI2655_a.html. (上网时间:2018 年 1 月 5 日)

② نبذة عن الانتخابات السابقة، اللجنة الوطنية للانتخابات, https://www.uaenec.ae/ar/about-us/about-fnc-elections. (上网时间:2018 年 1 月 5 日)

多出 1 个小时。

对比 2006 年和 2011 年选举的当选名单可以看出，不存在 2006 年的当选者再次当选为 2011 年议员的情况，但对比当选者的姓氏可以发现其中存在一些家族趋势。一些联邦国民议会议员表示对联邦国民议会会议的"慢节奏"感到失望，尤其是有些部长经常持续性地缺席会议。一名来自迪拜的议员认为，联邦国民议会的权威正在遭受破坏，议员与政府直接见面的机会越来越少，没有部长会出席联邦国民议会的会议，这也是公民参与选举投票热情减退的重要原因。①

（二）联邦国民议会的第三次选举

在 2015 年 10 月联邦国民议会第三次选举之前，选举团的规模大幅增加至 224 279 人，这个数字几乎是 2006 年的 34 倍，也比 2011 年增加了 65%。选举团的人数分配方面，来自阿布扎比的有 90408 人，来自迪拜的有 53568 人，来自沙迦的有 31766 人，来自哈伊马角、富查伊拉、阿治曼和乌姆盖万的人数分别为 2755 人、10887 人、6090 人和 4105 人。② 2015 年的数据显示，尽管阿布扎比和迪拜的联邦国民议会席位数量相同，但有资格参与投票的选民人数却有很大差别，这可能部分归因于各酋长国公民与外籍人员比例的差异。在此次选举中，共有 79157 名选民参与投票，其中包括 48330 名男性和 30827 名女性，投票率上升至 35.29%。③ 各酋长国参与投票的人数也有差异，迪拜和沙迦的投票率低于 30%，而在富查伊拉，投票率接近 50%，在乌姆盖万则超过 50%。随着电子投票系统的普及，投票对老年人来说也不再是挑战，所以参与投票的老年人也越来

---

① Ola Salem, "Some FNC Members Unhappy with Pace of Current Term", The National, March 17, 2015, https：//www.thenational.ae/uae/government/some－fnc－members－unhappy－with－pace－of－current－term－1.87987. （上网时间：2018 年 1 月 5 日）

② "Electoral College Increase", Gulf States News, Vol. 39, No. 997, July 16, 2015, p. 8.

③ المجلس الوطني الاتحادي، البوابة الرسمية لحكومة دولة الإمارات العربية المتحدة، https：//www.government.ae/ar－ae/about－the－uae/the－uae－government/the－federal－national－council－. （上网时间：2018 年 1 月 5 日）

越多。

此次选举中，迪拜的一名候选人对选举结果的有效性提出上诉，但由于缺乏强有力的证据，国家选举委员会驳回了他的上诉。

妇女投票率最高的是阿布扎比、迪拜和沙迦，分别为44.5%、40.2%和40.1%；其次是阿治曼和乌姆盖万，分别为37.9%和35.5%；富查伊拉下降至28.6%；妇女投票率最低的哈伊马角则是25.9%。[①] 投票过后，2015年11月18日联邦国民议会在阿布扎比召开会议，选举阿迈勒·古拜希为新一届联邦国民议会议长。[②] 阿迈勒·古拜希曾担任阿布扎比教育委员会总干事和联邦国民议会第一副议长。这是阿联酋历史上首次由女性担任联邦国民议会议长，这一举动也在阿拉伯国家中创造了历史。

（三）联邦国民议会选举的主要问题

阿联酋联邦国民议会的选举至今已进行4届，最新一次选举是在2019年10月举行。虽然阿联酋政府在确保选举顺利举行方面做了大量工作，但联邦国民议会的选举还是存在一些问题，主要体现以下几个方面：

首先，选举团制度影响了选举的公正性。所有获得投票资格的公民是预先挑选的，选举团成员提名的不透明和标准的不确定招致部分候选人的批评，因为选举团制度可能有利于某些部落和家族的成员参加竞选，而且选举团人数相比符合选举条件的公民人数来说仍然较少。2006年和2011年选举中，选举团仅代表了2.2%和28%的符合投票资格的公民。其次，候选人面临的困难较多，影响了选举实现真正竞争的可能性。候选人遇到的主要困难是竞选周期太短、缺乏筹集和管理竞选资金的经验，以及性别等障碍造成的接触选民较为困难等。最后，公民参与选举投票的积极性下降。如上文所述，投票率从2006年首次选举的74.4%大幅下降至2011年

[①] "Small Steps Forward in Election for UAE's 'Gradualist' Democracy", Gulf States News, Vol. 39, No. 1002, October 15, 2015.

[②] 《阿联酋联邦国民议会选举产生首位女性议长》，环球网，2015年11月19日，http://world.huanqiu.com/hot/2015-11/8008505.html。（上网时间：2018年1月5日）

的 27.75%，2015 年的数据略有回升，达到 35.29%。这主要是选民对选举缺乏认识和兴趣，政府对获得选举权的选民的低效通知，以及联邦国民议会没有在阿联酋政治体系中发挥应有的作用等原因共同造成的。此外，在性别方面，选举也无法实现真正的公平。竞选登记时，候选人必须出示其户口本，这意味着女性必须得到丈夫、父亲或兄弟的许可才能参加竞选。因此，没有家庭的支持，女性通常无法得到参与竞选的资格。

虽然联邦国民议会的选举存在上述问题，但是选举的举行对阿联酋而言仍然意义重大，因为这是自 1971 年建国以来，阿联酋的政治结构首次出现变化，鼓励人们更公开地讨论政治，为提高公民的政治参与提供了动力。

三、地方层面选举制度的建立

在各酋长国层面，地方议会也在部分地区建立起来，最早在这方面探索的是阿布扎比。阿联酋建立之前，阿布扎比就已成立国民咨询委员会。其 50 名成员都是由酋长在联系密切的传统社会领导阶层中选择任命的，包括谢赫、主要部落的酋长、著名家族、精英商人家族。随后，迪拜、沙迦和其他大部分酋长国陆续建立本酋长国的咨询或市政委员会，成员都由酋长任命。

沙迦在近年来地方议会选举制度的改革方面进展最迅速。沙迦咨询委员会最初于 1999 年成立，2016 年 1 月宣布将开放 42 个席位中的一半进行公开选举，选举打出的口号是"参与决策"。这在当时成为新闻头条，因为这是阿联酋历史上首次举行的地方公开选举。对于没有将全部席位进行公开选举的原因，沙迦酋长解释为："委员会的一半成员被任命是为了弥补选举可能产生的缺陷，例如可能未能达到 7 名女性成员的最低人数，或者委员会需要在特定领域有经验的专门人才。"[1] 与联邦国民议会选举不同的是，来自沙迦的阿联酋公民只要满足年满25周岁、具有良好身份、无犯罪记录、具备读写能力等条件，都有资格登记投票。195名候选人中包括43名女性，男性公民57%、女性公民42%的投票率也远高于联邦国民议会的投票率。此次选举中最终有一名女性当选，还有一名女性被沙迦酋长任命为咨询委员会成立17年来首位女主席。[2]

第五节 阿联酋政治参与的特点与问题

综上所述，阿联酋公民政治参与的方式有限，阿联酋不允许政党存在，对社会团体的限制也非常严格，加之公民的政治参与意识不强，所以阿联酋的政治体系尚未分化出专门从事利益表达的社团，在一定程度上对政治发展造成阻碍。近年来，阿联酋在政治参与领域的最大进步就是引入选举制度，但效果仍不理想。

目前，阿联酋的一些民间组织已经采取选举的形式，例如阿联酋大部分地区普遍存在的商会。但是，这样的选举只涉及有限数量的公民，因为根据规定，选举仅限于阿联酋籍的公司所有者，并且公司本地股份至少要占一半以上。此外，沙迦等酋长国的地方议会也在进行选举的尝试。但即使阿联酋地方议会的成员都由选举产生，选举结果可能也不会有太大改变，因为部落首领深受其所在选区的选民信任，而做得好的地方商人很可能会被委以本地公共事务。此外，随着时代的发展，受过西方教育的技术

---

[1] Aghaddir Ali, "Election Decision for Sharjah Consultative Council Hailed", Gulf News, June 10, 2015, http://gulfnews.com/news/uae/government/election-decision-for-sharjah-consultative-council-hailed-1.1533147.（上网时间：2018年1月5日）

[2] Mary Achkhanian, "First Woman Chairperson of Sharjah Consultative Council Elected", Gulf News, February 11, 2016, http://gulfnews.com/news/uae/government/first-woman-chairperson-of-sharjah-consultative-council-elected-1.1670436.（上网时间：2018年1月5日）

官僚已不再与传统社会有如此密切的联系，他们将大力推动公共部门的选举过程变得更加正式、更加符合民主原则，这为阿联酋探索选举制度提供了一个契机。

任命女性担任议会主席体现了这一进步措施在公共关系领域的价值，有助于扭转人们对地区政治的刻板印象。但是，无论是任命还是选举，对阿联酋联邦和地方层面政治权力的结构或平衡都没有任何实质性的改变，选举的开放程度也不如科威特或巴林那样高。在科威特和巴林，政治团体可以明确表达集体诉求，并迫使政府做出决策。相反，阿联酋政治参与的过程与沙特阿拉伯和卡塔尔更为相似。在沙特阿拉伯和卡塔尔，选举为技术官僚参与政治提供了服务，并提高了专门人才在决策过程中的参与度。

此外，寻求妥协是阿联酋传统政治文化中的重要方面。在阿联酋社会中，人们非常看重耐心、宽恕和慈善的品质，尤为重要的是在任何情况下都愿意协商妥协。因此，阿联酋社会对游说选民等竞争性选举的基本机制缺少适应。

因此，现阶段提高阿联酋政治参与度的关键在于正式的选举制度能否建立在谢赫长老和公民之间互相负责的基础上。阿拉伯部落环境下民主的实质是，群体内部在一段时期内对一代人中最优秀的领导者人选达成的共识，领导者人选无一例外来自特殊的统治家族，该群体几代人的领导者往往都出自这一家族。如果选定的领袖的表现达不到公众预期，他就会逐渐失去多数人的支持，最终导致其部族统治者的权力被收回。作为七个酋长国的国民，本地人清晰地认识到自己的重要性，部落联盟带给他们的不只是家族姓氏，更是他及他的家族同酋长之间达成的传统的效忠协议，酋长在必要的时候会为他争取利益。民主化的任务就是将这种非正式的、直接的社会网络建立在基于投票的选举制度中。阿联酋的特殊国情决定了在其建立全国性的民主制度比在其他海湾国家要困难得多，在阿联酋引入现代民主制度必须基于对传统社会结构的尊重。

第四章　阿联酋的政治文化和社会化

"政治文化"这一概念由阿尔蒙德于20世纪50年代首次提出,旨在研究公民对政治的态度以及其在政治体系中的作用,从而理解一个国家的政治倾向,解释一个国家的政治社群是如何构建和维持的。阿尔蒙德的政治文化理论对于政治文化研究范式具有极为重要的意义,因为阿尔蒙德将政治文化研究置于政治发展的语境之下,将核心议题集中在什么样的政治文化有利于民主制的稳定,以个体政治态度的分布状况定义政治文化,在研究方法上以对民众政治态度的问卷调查为主要资料来源。[1] 而政治社会化是政治文化形成、维持和改变的过程,每个政治体系都有某些执行政治社会化功能的结构,它们影响政治态度,灌输政治价值观念,把政治技能传授给公民和精英人物。[2] 家庭、学校、宗教、社会阶层、利益集团、大众传媒、政党等都可以对公民的政治态度施加影响。

---

[1] 汪卫华:《从公民文化到价值观变迁——西方政治文化实证研究的经验》,《国际政治研究》2008年第2期,第125页。
[2] [美]加布里埃尔·A. 阿尔蒙德、小G. 宾厄姆·鲍威尔著,曹沛霖等译:《比较政治学——体系、过程和政策》,上海译文出版社1987年版,第91页。

第四章 阿联酋的政治文化和社会化

第一节 阿联酋政治文化倾向分析

在已有的政治文化研究中，较少有关于阿拉伯国家的研究，因为大部分学者将其列入文化例外的区域。而在关于阿拉伯国家的研究中，研究者更多地专注于对阿拉伯国家政治结构和政治精英的研究，却忽视了社会民意，这也是中东剧变让很多专家感到意外的原因。事实上，相较于政治精英，普通民众的看法也是政治稳定的重要因素。政治学对政治文化的研究主要体现在理论和应用两个方面，前者分析政治文化的形成过程，归纳政治文化的不同类型；后者则通过民意调查预测民众政治行为的可能倾向和对某一政策的可能态度。[1] 有关阿联酋政治文化的民意调查资料非常少，大多是一些针对具体问题的民意调查，尤其缺少通过分析调查收集的数据和探索公民政治倾向与政府政策或政权类型之间联系的文献资料。

一、阿联酋国民对政府合法性的看法

影响国民对政府合法性看法的因素有很多，在传统社会中，合法性取决于统治者的世袭地位、制定和执行法律时遵守的宗教习俗，以及统治者决策的范围和内容。在现代民主社会中，政府合法性来源于在选举中是否获胜、在制定法律时是否遵守宪法程序。阿联酋政府的合法性主要来源于以下几个方面：

一是统治者的世袭地位。以氏族族长或部落酋长为首的少数部落上层凭借血缘关系、宗法氏族制及各部落的传统习惯来实施和延续他们的统

---

[1] 燕继荣主编：《发展政治学》，北京大学出版社2010年版，第218页。

治。① 部落、家族是阿拉伯传统社会中最基本的社会单位，② 以阿联酋、沙特为代表的海湾国家特有的部落社会历史文化造就了部落居民几代以来对酋长的忠诚，统治者获得天然的合法性。建国后，阿联酋统治者仍围绕海湾阿拉伯人身份，积极推动海湾民俗概念，强调海湾阿拉伯部落的历史沿革。阿联酋一直使用骆驼、马、堡垒、咖啡壶、阿拉伯帆船和猎鹰的图案来象征国家身份，此举有助于复兴部落历史，从而提醒民众传统君主制合法性的历史根源。

二是伊斯兰教意识形态。伊斯兰教不同于其他宗教，奉行政教合一的原则。伊斯兰社会自形成时起，宗教权力和政治权力便紧密结合在一起，政治和宗教两位一体，且是双重的，两者基本上无明显区别。③ 因此，作为部落政治领导人的酋长同时也是宗教领袖。阿联酋宪法规定伊斯兰教为国教，国家元首必须为穆斯林，总统也是国家的宗教领袖，于是政府获得政治和宗教上的双重合法性。

三是政府建立在遵守宪法程序的基础上。1971年7月联邦最高委员会通过了临时宪法，阿联酋仿照西方建立了三权分立的政治制度，确定了联邦政府和地方酋长国各自的权力，从此政府在宪法规定的框架内运行。此后经过多次修宪，最终于1996年6月经联邦最高委员会批准，临时宪法删去"临时"二字，成为永久宪法。

四是阿布扎比的石油收入为政府提供了财政支持。建国初期，国家各部门仍在组建之中，几乎所有部门缺少人力资源。道路交通等基础设施的缺乏阻碍了由阿布扎比提供财政支持的中央政府关于全国各地均衡发展的计划。因此，扎耶德总统将阿布扎比的石油收入慷慨地投入国家的基础设施建设中，希望建立一个强大的联邦。扎耶德总统奔走于全国各地，视察正在建设的项目，听取人们的反馈。人们开始把阿布扎比和联邦政府看作

---

① 彭树智主编：《中东国家和中东问题》，河南大学出版社1991年版，第132页。
② 李意：《当代中东国家政治合法性中的宗教因素》，世界知识出版社2017年版，第210页。
③ 刘月琴：《论伊斯兰政治文化功能（上）》，《西亚非洲》2008年第4期，第7页。

他们过上更好生活的希望，特别是在较为贫穷和偏远的五个酋长国中。这引起五个酋长国统治家族的担心，因为他们的部落可能会把效忠对象转移到拥有更多可以满足人们期望的权力和财富的新施主身上。扎耶德总统也逐渐认识到这点，于是他开始转变策略，相信五个酋长国的统治者能够治理好各自的国家。他为每个统治家族提供足以维持他们地位的资金，并对他们日益增长的需求做出慷慨回应。因此，地方统治者作为本地区发展的合法的管理者形象也越来越深入人心。

五是进行选举等政治改革。包括扎耶德总统在内的老一代统治者离开政治舞台后，新一代阿联酋统治者受到全球化和民主思想的影响，明白建立在传统基础上的合法性正在削弱，因此寻求制度改革来获取新的合法性。哈利法·本·扎耶德·阿勒纳哈扬总统上任后，大力支持政府进行政治改革，并于2006年开始进行联邦国民议会部分席位的选举。

二、阿联酋国民对国家的认同意识

在酋长国层面，部落人民对其部落首领的历史忠诚构成各酋长国的社会基础。每个联邦公民同时还保留着其酋长国国民的身份，这种对部落酋长的依附关系通常与个人在部落社会中所扮演的传统角色以及各种新的经济机会紧密联系在一起。建国后的几十年里，随着各酋长国都发展出独特的经济和社会角色，各酋长国统治家族的领导地位也得到巩固。这种强大的部落关系构成对联邦国家认同意识的挑战。

在联邦层面，随着大量外国工人开始迁移到阿联酋的石油行业、巨大的基础设施和建设项目工作，阿联酋的社会结构发生迅速变化，阿联酋公民已经变成少数民族。阿联酋人口从19世纪初的8万名居民上升至2005年的400万，2010年则达到800万，其中阿联酋公民分别只占20%和11%（见表4-1）。

表4-1 阿联酋国民和外籍人口数量

年份	总人口	国民数量	国民所占百分比
1908年	80000		
1968年	180226		
1975年	557887	201544	36%
1980年	1042099	290544	28%
1985年	1379303	3396114	29%
1995年	2411041	587330	24%
2005年	4106427	825495	20%
2010年	8264070	947997	11%

资料来源：UAE National Bureau of Statistics, www.uaestatistics.gov.ae。

这一特殊的国情将七个酋长国的人口聚集在一起，在经济和社会地位上形成一个无可争议的特权阶层。尽管古老的部落对抗和新的等级歧视仍在影响当地人口的内部结构，但面对大量的外籍人士，所有真正的"当地人"都认为自己首先是阿联酋公民。当今阿联酋社会虽存在不同的社会阶层，但阿联酋人都有强烈的民族团结感。现在很少的阿联酋人需要从事熟练工人或体力劳动者的工作，所以几乎全部当地人口可以在社会阶层中处于"中产阶级"或更高级的地位。因此可以说，阿联酋独特的人口结构失衡是一种相当大的动力，它帮助各个独立的以部落为基础的酋长国凝聚成一个统一的民族国家。年长的国民把过去和现在的生活相比较，他们认为自己生活在这样一个国家是幸运的，过去的苦难已经结束，国家可以保障每个国民家庭都获得相当舒适的生活，其中有很多群体甚至可以获得不可估量的财富。年轻人也意识到与在阿联酋工作的外国人相比，作为这个富裕国家的成员有着巨大特权。

因此，国家认同对阿联酋国民来说具有双重含义。一方面，阿联酋国民对祖国在建国后短时间内取得的成就感到自豪；另一方面，他们阿联酋公民的身份并没有削弱他们作为部落一员的归属感。部落传统使他们一直效忠于本地的酋长，这种忠诚和归属感将个体联系在一些，每个公民都是他所在酋长国社会的一员，并被其他成员所认同。但是，对阿联酋的外国居民来说，他们就是拥有特权的阿联酋公民。

三、阿联酋国民对权威人物的看法

权威人物指的是在某一时期的政权中担任重要角色的个人。在一些国家中，权威人物获得公民的强烈支持，那么他就可能将自身的合法性转移到其领导的国家政权上。这种情况在一些新兴市场国家较为常见，独立运动的领导人受到人们的广泛支持，他领导的国家政权也受到人们的广泛欢迎，例如纳赛尔时期的埃及。在阿联酋的建国过程和建国后国家的发展中，有一位权威人物发挥了极其重要的作用，赢得几代阿联酋人民的支持与爱戴，他就是开国总统扎耶德。扎耶德总统因为卓越的政治领导才能和宽广的胸怀，在阿布扎比酋长国拥有极高的威望。英国势力撤出海湾后，他致力于建立联邦国家，认为唯有各酋长国联合起来才是实现共同尊严和幸福的途径，为阿联酋最终建国做出巨大贡献。阿联酋建国后的道路仍不平坦，他无私地将阿布扎比的石油收入投入到国家建设和改善各酋长国人民生活水平当中，加快经济建设和转型，发展多元化经济，开展全方位外交，将阿联酋建设成阿拉伯地区乃至世界上十分富裕的国家之一。在他的任期内，阿联酋作为统一联邦国家的概念深入人心，国民对国家的认同感和自豪感大大提升。他执政时代打下的基础，使得国家即使在没有富有魅力的领导人的情况下也可以保持持久的稳定和繁荣，他成功地将合法性从自身转移到他领导的阿联酋政权上。

四、阿联酋国民对国家机构的信任程度

政治信任对于公民在国家层面的有效政治参与具有重要的意义，因为公民只有信任包括国家机构在内的政治活动者，才能为实现政治目标而与

其进行通力合作。佐格比民意调查公司进行的民意调查（见表4-2）表明，阿联酋公民对国家机构是否信任的回答是极其分散的。在受访者中，信任新闻机构和军队的公民超过半数，唯一超过半数的受访者选择不信任的机构是警方，这表明公民对国家机构的信心分歧较大。

表4-2 阿联酋公民对国家机构的信任程度

项目		阿联酋公民
宗教组织	信任	47%
	不信任	41%
警察	信任	41%
	不信任	51%
新闻媒体	信任	52%
	不信任	38%
司法机构	信任	48%
	不信任	42%
议会	信任	43%
	不信任	49%
军队	信任	63%
	不信任	29%

资料来源：Zogby International, "Arab Views of Leadership, Identity, Institutions and Issues of Concern: Zogby Middle East Opinion Poll 2007", 2008, http: //b. 3cdn. net/aai/fcfdd7d381f6fec231_iwm6iy4ty. pdf。

五、阿联酋国民对国家重大政治问题的关注程度

研究公民对于重大问题和公共政策的倾向分布可以分析出公民关于能使国家团结或分裂的政治问题的基本态度，从而对社会资源的提取和分配及对行为管制做出选择。佐格比民意调查公司的调查数据（见表4-3）显示，在受访者认为的当今阿联酋面临的最重要问题中，2009年排名第一的

"改善教育制度"已经连续两年被"保护个人和公民权利"取代,"在重要问题上缺乏政治辩论"的重要性也有大幅度提升,这说明自2010年底起席卷阿拉伯世界的中东剧变的影响已不再局限于爆发骚动的国家,它提高了阿拉伯民众对政治参与的关注。调查数据还显示,当被问及对政府改革步伐的满意程度时,88%的阿联酋受访者表示满意,这一数据在受访的阿拉伯国家中也是位居前列的。另有88%的受访者认为阿联酋正在正确的道路上发展,这一数据在受访的阿拉伯国家中位居第一。同时,"政治或政府改革"以及"结束腐败和裙带关系"也未排在受访者认为最重要的问题前列,这表明阿联酋民众对于政府的满意度普遍较高。

表4-3 阿联酋人认为最重要的问题

排名	阿联酋(350名公民+150名在阿联酋工作的阿拉伯人)		
	2011年	2010年	2009年
1	保护个人和公民权利	保护个人和公民权利	改善教育制度
2	解决巴以冲突	在重要问题上缺乏政治辩论	解决巴以冲突
3	在重要问题上缺乏政治辩论	改善医疗制度	改善医疗制度
4	改善医疗制度	解决巴以冲突	扩大就业机会
5	扩大就业机会	扩大就业机会	保护个人和公民权利
6	提高妇女权利	提高妇女权利	提高妇女权利
7	促进民主	促进民主	结束腐败和裙带关系
8	改善教育制度	改善教育制度	打击极端主义和恐怖主义
9	政治或政府改革	政治或政府改革	政治或政府改革
10	结束腐败和裙带关系	结束腐败和裙带关系	促进民主
11	打击极端主义和恐怖主义	打击极端主义和恐怖主义	在重要问题上缺乏政治辩论

资料来源:Zogby Research Services,"Political Concerns and Government",2011,http://www.zogbyresearchservices.com/index/。

第二节 阿联酋政治社会化因素分析

随着地租型国家的形成和人口的增长,新的社会阶层开始在阿联酋出现,不同的社会阶层逐渐成形。外部租金不仅以补贴和服务的形式发放,例如卫生保健、公共住房、食品补贴或廉价汽油,而且被应用于基础设施、工业、教育和文化发展项目。石油财富被分配到城市化建设、提高就业率、提升公民教育水平以及发展与世界各国关系等方面,取得显著效果。阿联酋国民的生活水平得到大幅提升,生活方式也发生非常大的改变,例如与来自不同国家的孩子一起接受教育、与外国同事一起工作。电视和网络的普及使人们有更多方式了解世界各地的信息,国民还可以出国旅游、置业和留学。全球化也为阿联酋儿童和成人的政治社会化提供了大量新的文化元素和机制,这些新的互动方式都是政治社会化的表现形式和潜在过程的一部分。

一、家庭因素的影响

家庭通常被认为是个人基本态度的主要塑造者。政治社会化的第一阶段发生在家庭内部,在父母经常讨论政治问题的家庭中长大的孩子往往会在政治上表现得更加积极,而在不太关注政治的家庭环境中,孩子们长大后则不愿意参与政治活动。在阿联酋的家庭环境中,政治对话非常少见。[1]而且,孩子们在家长制的环境中成长,他们接受的教育是遵循严格的规则,不能去质疑比他们地位高的家庭成员,因此在社会等级制度中,他们往往会顺从政治权威。

---

[1] Marta Saldaña Martín, "Rentierism and Political Culture in the United Arab Emirates", PhD Dissertation, University of Exeter, 2014, p. 116.

阿联酋的家庭通常拥有数量较多的成员，据阿联酋国家统计局数据显示，每个家庭的成员数平均为 7.6 个。[①] 在阿联酋，家庭成员普遍重视由亲属关系缔结的联盟，家庭关系对于个人就业求职、获得政府服务具有重要作用，阿联酋公民未来的发展前景与其家族的社会联系和社会影响力紧密联系在一起。因此，个人所属的家族或部落对阿联酋公民来说至关重要，家庭成员必须考虑个人行为对家庭其他成员的影响。也就是说，家庭成员的个人行为与家庭所拥有的社会形象直接联系在一起。

同时，阿联酋地租型国家的属性也在很大程度上影响着传统的家庭关系。作为社会福利的一部分，阿联酋政府为公民提供的住房并不全是按照部落归属分配的，因此同一部落的成员不一定住在同一地区。城市化的社会结构将个人从本地社会关系中分离出去，为公民提供新的互动空间，让年轻一代远离家庭的限制，从而更自由地活动。政府出台政策鼓励和促进女性融入教育体系和就业市场，从而为女性的独立自主创造了新的空间。据阿联酋联邦统计局数据显示，15—29 岁的阿联酋妇女就业率为 35%，[②] 远高于同一年龄段的男性。尽管如此，阿联酋仍然是男性主导的社会，许多年轻女性认为自己没有实现自主选择的权利。

随着时代的发展，阿联酋的家庭关系还受到城市化和教育的影响，这些因素使家庭向着更加个人主义的方向发展，年轻人得以从父辈的社会模式中走出来。其他媒介在孩子的政治社会化中扮演了更重要的角色，大大削弱了家庭在这个过程中扮演的角色，例如教育系统已构成政治社会化的强大来源，与传统的家庭角色展开激烈竞争。

[①] UAE National Bureau of Statistics, www.uaestatistics.gov.ae. （上网时间：2018 年 1 月 10 日）

[②] UAE National Bureau of Statistics, www.uaestatistics.gov.ae. （上网时间：2018 年 1 月 10 日）

二、教育因素的影响

在威权主义环境下，教育是受统治精英控制或影响的，通常被认为是加强了对政治现状的服从和忠诚。因此，教育不仅是政治社会化的媒介，而且是一种强大的权力资源。阿联酋政府在设计学校和大学的课程时会避免涉及对现行政治体系具有争议的政治议题，但学生在与教师进行思想交流时会不可避免地受到教师政治观点的间接影响。多元文化的社会背景使阿联酋学生能接触到文化全球化的更多内容，其中包括连接世界不同地区和文明的语言、文化及思潮，使他们逐渐形成一种全球身份认同。

20世纪以前，各酋长国的教育是通过家庭和清真寺实现的，教学内容主要基于伊斯兰教经典和先知的教诲。第一所正式的学校由沙迦的商人慈善家于1907年在沙迦创办。1912年，迪拜开设了艾哈迈迪耶学校。此后，在迪拜和沙迦还开办了其他几所学校。[①] 但在珍珠产业衰落之后的困难时期里，许多社会经济项目开始衰落，其中就包括正规教育机构的建设。从20世纪50年代开始，伴随着其他阿拉伯国家的援助和经济的复苏，阿联酋的教育得到初步发展，具有现代意义的学校开始兴建。阿联酋独立后，政府设立教育部，各类学校的数量迅速增加，女生比例也有所增加，国民受教育水平大幅提升。尽管每个酋长国最初都设计了独立的学校课程，但为了与联邦中央集权的政治趋势相匹配，最终所有学校统一了教科书。在伊朗伊斯兰革命之后，为应对宗教合法性问题，阿联酋的统治者任命宗教人士到教育部等部门任职，因而这些部门涉及领域的许多人受到穆斯林兄弟会意识形态的影响。直到20世纪90年代末，阿联酋的教育仍然在很大程度上受到伊斯兰思想的影响。"9·11"事件后，政府对宗教势力进行了严格打压，尤其是中东剧变后，打击力度进一步加大。

---

① Christopher M. Davidson, Peter Mackenzie Smith, "Higher Education in the Gulf States: Shaping Economies, Politics and Culture", London: Saqi Books, 2008, pp. 24 – 27.

阿联酋学校的政治社会化很大程度上取决于学生就读于公立学校还是私立学校，这在阿联酋是有争议的话题。有些家长倾向于将孩子送进私立学校，因为私立学校提供有助于学生进入大学和未来求职的英语教育，同时他们还认为私立学校的多元文化环境有助于学生未来适应与不同国籍的同事合作。另一些家长则担心外国老师和同学会对学生产生消极影响，例如学习英语会对阿拉伯语能力造成不利影响等。近年来，选择去私立学校就读的阿联酋学生逐渐增加。2010—2011年，57%的阿联酋学生就读于私立学校。2003—2010年，在公立学校就读的阿联酋学生人数下降了15%，而私立学校的学生数量则增加了75%。[1]

在高等教育方面，阿联酋的第一所大学是1977年在阿布扎比艾因市建立的阿联酋大学。此后，其他公立高等教育机构也纷纷建立。目前，阿联酋的高等教育机构分为三类。第一类是由联邦政府管理的大学，共有3所，包括阿布扎比大学、1988年建立的高等技术学院和1998年建立的扎耶德大学。第二类是由各酋长国建立的公立大学，共有7所，如沙迦大学、阿治曼大学和阿布扎比的哈利法大学等。第三类是国际私立大学建立的分支机构和阿联酋本土的私立大学，共有84所，包括迪拜美国大学和迪拜英国大学、纽约大学阿布扎比分校、阿布扎比巴黎索邦大学等。[2]

阿联酋高等教育的一大趋势是越来越多的学生选择出国留学，尤其是男生。一方面，许多拥有海外留学经历的学生对本国政治参与度和透明度的提升持积极看法。弗兰克·哈德贝认为，新一代受过西方教育的技术官僚与传统社会的关系已不再紧密。[3] 另一方面，有些人则因在西方国家的不良经历而产生反西方的情绪，他们反对自由主义，变得更加宗教化，进

---

[1] Rayeesa Absal, "Emirati Parents Prefer Private Schools, Report Says", Gulf News, December 16, 2011, http://gulfnews.com/news/uae/education/emirati-parents-prefer-private-schools-report-says-1.951837.（上网时间：2018年1月10日）

[2]［阿联酋］萨里姆、马斯佳：《阿联酋高等教育发展的现状、特色与趋势研究》，《比较教育研究》2015年第12期，第60页。

[3] Frauke Heard-Bey, "The United Arab Emirates: Statehood and Nation-Building in a Traditional Society", Middle East Journal, Vol. 59, No. 3, 2005, pp. 357–375.

而被伊斯兰激进组织所利用。

阿联酋高等教育的另一大趋势是大学中注册的男女学生比例失衡，女生人数明显要多于男生。这一方面是由于大学对女生来说是脱离家庭严格控制的有效方式，她们乐于选择在大学中度过尽可能多的学习时间；另一方面是由于有条件的男生通常会选择出国留学，而女生受制于传统观念的影响，只能留在国内完成学业。此外，部分男生中学毕业就可以就业，但女生需要提高学历以增加就业机会。有学者指出，事实上各个年龄段男生的表现都不如女生好，男生在高中辍学的比例是女生的4倍，女生高中入学的人数是男生的2倍，接受高等教育的学生中男生比例为30%，女生则占70%。[1] 因为男生普遍认为寻求就业机会比接受高等教育更能提升社会和经济地位。接受过基础教育的阿联酋公民就可以获得高收入的政府工作，这一现实助长了公民的食租者心态，可以说政府的再分配措施在一定程度上影响了男性接受更高程度教育的想法。

在阿联酋，虽然大学课程由政府监管，但不论是在公立大学还是私立大学，大部分教师来自海湾国家以外的阿拉伯国家或西方国家，因此学生很难不受到与他们在家庭和基础教育阶段所学相抵触的各种思潮的影响。事实上，自从进入大学学习后，很多阿联酋学生开始探索与地区政治有关的问题，他们对涉及阿拉伯和伊斯兰邻国的地区社会政治事件的关注，反映了高等教育对阿联酋政治社会化的重要作用。

三、大众传媒因素的影响

大众传媒尤其是互联网和在线社交网络，在年轻人参与文化全球化、发展政治意识的过程中起着决定性作用。阿联酋通讯社是阿联酋的官方媒体，阿联酋的本地新闻主要是由阿联酋通讯社编发的，同时外媒也会报道

---

[1] Natasha Ridge, "The Hidden Gender Gap in Education in the UAE", Dubai School of Government Policy Brief, No. 12, 2009, pp. 1 – 7.

一些具有争议性和批判性的新闻。近年来，阿联酋媒体大规模曝光关于国内问题的新闻，例如外国劳工对劳动和社会事务部的不满、政府部门的管理不善、教育体制和公共卫生体制的问题等。阿联酋当局一再呼吁开展更多的地方调查性新闻报道，并鼓励媒体按照国际标准运行。此外，阿联酋媒体还善于报道阿拉伯世界的热点问题，特别是有关海湾合作委员会成员的新闻，例如沙特的安全问题、科威特议会的争论、巴林围绕宪法产生的异议和罢工等。

广播电视方面，1966年第一个官方广播电台在阿布扎比建立，带动这一地区广播业的发展。随后，其他广播电台也开始建立。阿布扎比电视台于1969年建立，随后迪拜电视台于1972年建立，沙迦电视台于1989年建立。这一时期的频道数量不多，播放的内容大多为经过审查的本地新闻、阿拉伯电视剧、宗教和文化课程。自20世纪90年代初以来，阿联酋的广播公司开始在卫星上进行国际直播，人们可以观看各种各样的播放内容。时至今日，信息和通信技术高速发展带来的成果已经惠及每个阿联酋家庭，阿联酋社会已成为媒体曝光较多的社会之一。2016年，阿联酋家庭接入互联网的比例为94.3%，家庭拥有电脑率为75.9%，使用互联网的人数占总人口的比例为90.6%，远高于世界平均水平（见表4-4）。

表4-4 信息通信技术普及率（2016年） （单位：%）

	家庭接入互联网率	家庭拥有电脑率	互联网个人使用率
阿联酋	94.3	75.9	90.6
阿拉伯国家	45.3	43.3	41.8
发展中国家	40.4	34.3	39.0
发达国家	82.9	81.5	79.6
世界	51.5	46.6	45.9

资料来源：International Telecommunication Union，https：//www.itu.int/en/ITU-D/Statistics/Pages/stat/default.aspx。

目前在阿联酋和海湾地区的大多数政治辩论是在互联网上进行的，越来越多的年轻人在互联网上找到可以自由匿名发表意见的空间。除此之外，他们还能与异性一起讨论，这在与异性交往仍然保守的阿联酋社会是非常难得的。阿拉伯地区社交媒体近年来发展迅速，正在向更广泛、更政治化和更公民化的方向转变。社交媒体放松了政府和家长对传统媒体内容的控制，为广泛讨论和思想交流创造了新的空间，并促进跨国政治动员。据《阿拉伯社交媒体报告（2017）》的数据显示，阿联酋脸书（Facebook）的普及率达到94.3%，在阿拉伯地区位列第二，仅次于卡塔尔的95.3%。其中，男性占全部用户的74.5%，女性仅为25.5%。在年龄方面，15—29岁的用户为49.2%，30岁以上的占50.8%。[1] 不同于其他阿拉伯国家，阿联酋国民在使用脸书时更倾向于用英语表达。除脸书外，在阿联酋经常使用的社交媒体还有领英（LinkedIn），照片墙（Instagram）和推特（Twitter），阿联酋对这些社交媒体的使用率也在阿拉伯地区位居前列。

不可否认，大众媒体对阿联酋的政治社会化产生了重要影响。一方面，传统媒体和互联网时代的新媒体向阿联酋国民传递了多元化的价值观。通过国家电视台、报纸、杂志、广播节目、互联网网站和社交媒体不断宣传的民族国家概念有助于增强国民对国家的认同感。同时，伊斯兰教的教义也通过各种媒体传播到阿联酋家庭，影响着阿联酋国民的价值观。西方价值观目前在阿联酋青年使用的娱乐传媒中占据主导地位，包括西方电影、电视喜剧、音乐和视频游戏，其间均包含政治内容与价值观的传递。而阿拉伯国家的跨国电视则增强了伊斯兰教和阿拉伯民族政治认同的可能性，这些频道通常从阿拉伯人或穆斯林的角度提供信息，挑战了西方关于地区事件的主导观点。另一方面，各种新媒体平台的广泛使用为阿联酋国民提供了讨论公共事务的平台，网络政治动员提供了一种新的动员方

---

[1] Fadi Salem, "The Arab Social Media Report 2017: Social Media and the Internet of Things: Towards Data-Driven Policymaking in the Arab World", Vol. 7, Dubai: MBR School of Government, 2007, pp. 38–43.

式，在一定程度上促发了阿联酋国民政治参与的意识。

第三节 阿联酋政治文化与政治发展

总体而言，阿联酋的政治文化有利于政治发展。阿联酋的政治文化兼具传统与现代的双重特点：一方面，政府的合法性来源于传统的酋长世袭制和伊斯兰教意识形态；另一方面，宪法的制定、对巨大石油财富的再分配和渐进的政治改革帮助政府获得现代意义上的合法性。阿联酋国民对所属部落和酋长国具有较强的归属感，但这不妨碍他们形成统一的民族自豪感和国家认同意识。虽然阿联酋国民对国家机构的信任比较分散，但大部分阿联酋国民对政府的改革行动和国家的发展方向感到满意，因此阿联酋未来的政治进程平稳发展的可能性非常大。

作为塑造政治文化的方式，阿联酋的政治社会化是一个随时代而不断变化的过程。首先，教育与大众传媒取代了家庭，成为最重要的政治社会化媒介。伴随着阿联酋国家的建立和社会的形成，政治社会化的基本媒介，例如家庭、教育体系和大众传媒也在转型。尽管家庭通常是对政治社会化影响最大的因素，但在阿联酋，相对保守的成年人和在全球化环境中成长起来的更加开放的年轻一代之间存在代沟，导致教育环境和大众传媒在公民获取或认知政治立场上变得更有决定性。其次，地租型国家的性质促进阿联酋政治社会化的发展程度。之前很多关于海湾国家的研究认为，地租型国家的公民因较高的社会福利而往往安于现状，对政治普遍兴趣不高，但阿联酋的案例表明，一个国家的食租属性并不一定会导致该国国民对政治不感兴趣，相反，从长远来看其可以通过重塑政治社会化的媒介来增加公民的政治参与度，提高公民的政治意识。国家对石油租金的重新有效分配虽然在短期内阻碍了政治意识和活动，但自20世纪70年代以来，也促进了公民对新的政治社会化方式的探索。因此，阿联酋地租型国家的性质间接地提高了公民的政治意识,从而影响到国家社会关系。

此外,政治社会化方式的持续改变为阿联酋的政治稳定带来挑战。"环顾四周,心存感激",这是阿联酋公民和长期居住在阿联酋的中高层居民经常重复的一种说法。在地租型国家,国家社会关系建立在被统治者放弃政治权利以获得统治者分配的财富的社会契约基础上。在现在的阿联酋,公民对统治者的尊重是真诚的,民族自豪感也是普遍存在的,他们认为统治者的智慧和远见使得阿联酋人能够获得今天的生活,即使石油耗尽,他们也会对统治者保持忠诚。尽管公民普遍对统治者较为尊重,但这种尊重在老一辈人中表现得尤为明显,对那些20世纪70年代出生的人来说,他们的想法往往与父辈略有不同。年轻一代的阿联酋公民在福利国家长大,对他们而言,公民身份的概念意味着政府的服务和福利,但他们却只需要承担很少的责任,这导致年轻一代比他们的父辈有更高的期望和更少的妥协。因此可以说,也有一些社会群体逐渐与统治阶级离心,这与年龄、社会经济地位的差异以及自阿联酋建国以来经历的政治社会化方式的改变有关。

第五章　阿联酋的经济转型策略

如同沙特和卡塔尔这些海湾邻国一样，阿联酋在经济方面也是依靠石油或天然气的开采与出口牟利。[①] 石油经济是阿联酋的支柱产业，在阿联酋经济发展中发挥首要作用。在20世纪70年代，阿联酋的石油产值占到国内生产总值的80%以上。[②] 但作为最早开始经济多元化实践的海湾国家，阿联酋在经济转型方面取得显著成效，近年来非石油产业在国内生产总值中所占比例总体呈上升趋势，2019年石油行业对阿联酋实际国内生产总值的贡献率已下降到29.8%，[③] 经济对传统石油产业的依赖大幅下降。主权财富基金帮助阿联酋将从石油财富中获取的资源投入房地产、金融服务、能源和基础设施的全球投资中，促进经济转型和经济多元化发展。

第一节　多元化的经济发展战略

1979—1986年间，第二次石油危机、伊朗革命和两伊战争相继爆发。

[①] [英] 蒂姆·尼布洛克著，舒梦译：《政权不安感与海湾地区冲突的根源析论》，《阿拉伯世界研究》2019年第1期，第5—6页。
[②] 黄振：《阿拉伯联合酋长国》，社会科学文献出版社2015年版，第84页。
[③] The UAE Ministry of Economy, "The Annual Economic Report 2020 (20th Edition)", p. 32.

石油价格由狂涨到急跌，从 15 美元/桶左右快速上涨到 35 美元/桶，后又下跌到 13 美元/桶左右。[①] 阿联酋的统治者意识到单纯依靠石油经济的脆弱性，以及单一的经济基础所带来的各种问题：一是石油产业虽然能带来大量收入，却只能提供少量就业机会，没有足够的工作机会将会引发失业问题；二是阿联酋凭借当时的经济发展水平，没有能力消耗石油收入带来的大量现金流，从而导致货币贬值和通货膨胀。因此，阿联酋通过一系列经济多元化政策，在制造业、基础设施建设、金融服务、航空运输、旅游等领域获得较大发展，力图实现经济转型和可持续发展。

一、制造业的发展

首先是制造业的发展，因为制造业在提供就业机会、解决失业问题、提高技术水平和促进技术转让方面发挥了重要作用。石油带来的丰富收入为阿联酋发展制造业提供了充裕的资金支持。从 20 世纪 80 年代开始，阿联酋充分利用本国的自然资源，通过建立与石油和天然气相关的制造业公司，包括精炼厂、化肥厂和铝冶炼厂，促进本国工业发展。例如，阿布扎比国家石油公司下有七大类 19 家大公司，已涵盖石油勘探、生产、销售和加工等业务，其下属公司鲁维斯肥料公司利用陆上油田供应的天然气生产肥料，在本地和国际市场销售。迪拜铝业公司是中东地区的第二大铝厂，它通过邻近的杰贝阿里港进口原材料进行加工，然后通过杰贝阿里港出口到其他国家。

此外，阿联酋还出台了配套政策支持制造业部门的发展：一是对制造业企业生产所需的机械、设备、零部件和原材料进口免征关税，同时免除这些企业的出口关税和其他税收；二是简化了外国人来阿联酋制造业企业工作的程序；三是为不同类型的制造业建立了专门的工业区，促进制造业部门投资程序的标准化，简化制造业许可证的审批，以此吸引外国投资

---

① 仝菲：《阿联酋经济发展战略浅析》，《亚非纵横》2014 年第 6 期，第 86 页。

者。这些举措使阿联酋制造业在经济多元化战略中获得重要地位，2019年制造业在阿联酋国内生产总值中占的比例达到8.4%。[1]

二、基础设施建设的支撑

对外贸易的发展和吸引外国投资的需求离不开便利的基础设施建设，配套的基础设施和商业设施为阿联酋对外贸易、航空业、旅游业等领域的繁荣提供了支撑。2019年，建筑业在阿联酋国内生产总值中占的比例达到8.3%，[2] 在阿联酋经济多元化战略中发挥了重要作用。作为自由贸易港的迪拜早在20世纪50年代就开始对基础设施建设进行大规模持续投资，在20世纪70年代石油贸易繁荣的时候也未停止，将石油带来的财富投资到建设港口、改善道路等实体基础设施建设上。如今，迪拜的杰贝阿里港已成为中东最大的海运码头，集装箱吞吐量达1950万标准箱，拥有180多条航运线路。[3] 杰贝阿里港作为海、陆、空连接的综合联运枢纽，再加上广泛的物流设施，在阿联酋经济中发挥着至关重要的作用。此外，阿联酋还有包括哈利法港、富查伊拉港等著名港口在内的10个符合国际标准的港口，按照地区需求和区域商业的主要活动分布，每个酋长国至少有一个港口。连接阿布扎比和沙迦的谢赫·扎耶德路是迪拜的主干道，双向共有12车道，全长约50公里，是阿拉伯半岛最长的高速公路之一，沿途分布众多知名建筑和购物中心。阿联酋政府还致力于发展阿提哈德铁路项目，该项目将在2021年实现陆上运输的重大飞跃。为了吸引更多的投资，迪拜2018年的基础设施预算比2017年增加了46.5%，政府和民间的合作也得

---

[1] The UAE Ministry of Economy, "The Annual Economic Report 2020 (20th Edition)", p. 33.
[2] The UAE Ministry of Economy, "The Annual Economic Report 2020 (20th Edition)", p. 33.
[3] The UAE National Media Council, "UAE Annual Book 2018", p. 51.

到鼓励。①

三、金融服务业的繁荣

阿联酋拥有强大的金融储备和银行业，这为阿联酋创造了更为安全和便利的投资环境。国际货币基金组织曾预测，阿联酋的官方储备总额将从2015年的768亿美元增长到2020年的1184亿美元。经常项目顺差将从2015年的176亿美元增长到2020年的334亿美元。② 2019年，金融保险业在阿联酋国内生产总值中占的比例达到8％。③ 21世纪初，阿联酋金融管理机构的发展使其成功超越巴林，成为新的地区金融中心。阿联酋采用有利于市场自由化的西方制度和规则，建立独立的监管机构，旨在通过承诺可预测、高效、公平的国内管理来吸引国际投资者。

2004年3月阿联酋公布《金融自由区法》，允许各酋长国在本地建立金融自由区，并规定金融自由区可不受阿联酋民法和商法管制，但不包括反洗钱、反恐、融资等相关法律和刑法。迪拜迅速抓住先机，于2004年根据该法律设立迪拜国际金融中心以及股票市场迪拜国际金融交易所，在金融中心内实行独立的金融监管法律体系，为阿联酋成为地区金融中心铺平了道路。迪拜国际金融中心和迪拜国际金融交易所的运行受迪拜金融服务管理局监管。迪拜金融服务管理局是独立的风险监管机构，借鉴欧美金融监管法律体系，采用国际公认标准，使迪拜国际金融中心成为迪拜的城中城，基本不受阿联酋国内法律的制约。金融中心内有独立的民事和商业法律法规，由迪拜国际金融中心法院负责金融中心内相关案件的审理和执

---

① Nikhil Patel, "How Is the UAE Diversifying Its Economy to Attract Investment", Trade Finance Global, March 7, 2019, https://www.tradefinanceglobal.com/posts/how-is-the-uae-diversifying-its-economy-to-attract-investment/. （上网时间：2021年10月5日）

② "Features of the UAE's Solid Economy", The United Arab Emirates' Government Portal, https://u.ae/en/about-the-uae/economy/features-of-the-uaes-solid-economy. （上网时间：2021年10月5日）

③ The UAE Ministry of Economy, "The Annual Economic Report 2020 (20th Edition)", p. 33.

行。2011年以前，法院只受理设在金融中心内的公司或与金融中心有关的争端。随着2011年迪拜政府大幅扩大法院的管辖权，法庭向越来越多的商业团体开放，即使是没有在迪拜金融中心注册的当事人也可以向法院申请解决商业纠纷。法院采用的法律体系以英国普通法为基础，使用英语为官方语言，其工作语言和机制使其在跨国公司中建立起更可预测和更透明的声誉。正因如此，金融中心法院成为众多国际合同管辖权的首选，同时还是迪拜以及整个地区争端的解决中心。迪拜金融中心自设立以来，对推动迪拜经济多样化发展起到重要作用，成为主导地区金融市场的重要力量。

2015年10月，阿布扎比全球市场建立，为本已十分拥挤的地区金融部门进一步开拓了专业领域。阿布扎比全球市场是在阿布扎比建立的一个新的金融自由区，其重点在资产管理、私人银行和财富管理上，采用基于英国普通法的民事和商业法律体系进行管理。阿布扎比全球市场注重借鉴成熟金融机构的管理经验，聘请了一批外籍专家担任管理人员。

四、民航、服务业的作用

此外，民航、服务业等行业在阿联酋非石油经济中占有重要地位。民航业是阿联酋经济的重要部门之一，占阿联酋国内生产总值的15%，目前阿联酋拥有阿布扎比国际机场、艾因国际机场、迪拜国际机场、阿勒马克图姆国际机场等7个大型国际机场。而且，阿联酋在航空领域的投资领先于阿拉伯国家，控制着阿拉伯世界大约40%的航空行业。阿联酋民用航空总管理局曾估计，在未来20年，对航空业的投资将从目前的850亿阿联酋迪拉姆增加到1万亿阿联酋迪拉姆。[1] 而阿联酋服务业的发展则为本国提供了大量的就业岗位，2018年阿联酋服务业岗位占总就业岗位的73%，在世界银行发布的2018年服务业就业岗位占总就业岗位比例榜单上，阿联酋

---

[1] The UAE National Media Council, "UAE Annual Book 2018", p. 52.

排在全球第 30 位和阿拉伯国家首位。①

第二节　雄厚的主权财富基金支持

阿联酋经济转型需要的大量资金除了来源于外国直接投资外，本国雄厚的主权财富基金的支持也起到关键作用。关于主权财富基金这一名词，各界并没有统一的解释，但是综合不同的解释可以得出主权财富基金的基本特点：一是由一国的政府所持有和管理；二是为实现本国宏观经济和金融目标而进行长期战略投资；三是通常以外币形式持有。② 世界上绝大多数主权财富基金分布在石油输出国及以出口为导向的经济体中，作为富裕的产油国，海合会国家也成为主权财富基金的大户，在世界投资市场发挥着极为重要的作用。20 世纪 70 年代石油价格的高涨使海合会国家外汇收入大增，为平滑消费③及为后代保留财富，20 世纪 70 年代，海合会国家设立了一些主权财富基金；21 世纪又是一轮石油价格飞涨，这些国家积累了大量的石油美元。④ 和大多数海湾国家一样，石油收入构成阿联酋主权财富基金的最初来源。阿联酋拥有多家实力雄厚的主权财富基金，主要归阿布扎比和迪拜所有，其中最大的一家是阿布扎比投资局。阿联酋主权财富基金主要有以下特点。

---

① 《2018 年阿联酋服务业就业占总就业岗位 73%》，中华人民共和国商务部网站，2019 年 7 月 18 日，http://ae.mofcom.gov.cn/article/jmxw/201907/20190702882961.shtml。（上网时间：2021 年 12 月 17 日）

② 相关观点参阅陈双庆：《海湾国家主权财富基金的发展现状及趋势》，《国际资料信息》2008 年第 8 期；张瑾：《海合会国家主权财富基金的发展及其影响》，《阿拉伯世界研究》2010 年第 1 期。

③ 指人力资本现值的不变消费水平。

④ 张瑾：《海合会国家主权财富基金的发展及其影响》，《阿拉伯世界研究》2010 年第 1 期，第 24 页。

一、规模巨大

阿联酋是世界上拥有主权财富基金数量最多的国家，规模也较大。据主权财富基金研究所 2021 年 8 月的数据显示，阿布扎比投资局是中东地区第二大主权财富基金，也是全球第四大主权财富基金，规模为 6979 亿美元，成立于 1976 年。① 阿布扎比投资局的前身是隶属于阿布扎比财政部的金融投资委员会，负责管理阿布扎比的超额石油收入，其成立的宗旨是通过投资使资本稳健增长，维持阿布扎比的长期繁荣。阿布扎比投资局拥有庞大的员工团队，目前共有来自 65 个国家的 1680 名雇员为其工作。② 截至 2020 年底，阿布扎比投资局的 20 年和 30 年年化收益率分别为 6.0% 和 7.2%，而 2019 年为 4.8% 和 6.6%。③

迪拜投资公司是中东第五大、全球第十一大主权财富基金，规模为 3017 亿美元。④ 迪拜投资公司成立于 2006 年，其前身为迪拜财政局投资处，成立的宗旨是将政府资产进行公司化运营。迪拜投资公司的任务是整合和管理政府的商业公司和投资组合，还通过制定和实施投资战略和公司治理政策，为迪拜的长期利益最大化价值提供战略监督。2007 年起，迪拜政府向迪拜投资公司转移了包括阿联酋国际银行、迪拜国家银行、阿联酋航空公司、迪拜铝业公司在内的众多公司的股权。

成立于 2002 年的阿布扎比穆巴达拉主权财富基金位列中东第七，全球

---

① "Top 100 Largest Sovereign Wealth Fund Rankings by Total Assets", Sovereign Wealth Fund Institute, August 2021, https://www.swfinstitute.org/fund-rankings/sovereign-wealth-fund. （上网时间：2021 年 12 月 17 日）

② Abu Dhabi Investment Authority, "2020 ADIA Review", September 8, 2021, p.9, https://www.adia.ae/En/pr/2020/pdf/2020_ADIA_Review.pdf. （上网时间：2021 年 12 月 17 日）

③ Abu Dhabi Investment Authority, "2020 ADIA Review", September 8, 2021, p.6, https://www.adia.ae/En/pr/2020/pdf/2020_ADIA_Review.pdf. （上网时间：2021 年 12 月 17 日）

④ "Top 100 Largest Sovereign Wealth Fund Rankings by Total Assets", Sovereign Wealth Fund Institute, August 2021, https://www.swfinstitute.org/fund-rankings/sovereign-wealth-fund. （上网时间：2021 年 12 月 17 日）

第十三，规模为2430亿美元。规模较大的主权财富基金还有阿布扎比发展控股公司和阿联酋投资局，均为阿布扎比所有。阿布扎比发展控股公司规模为790亿美元，排名世界第19位，阿联酋投资局规模为780亿美元，排名世界第20位。此外，沙迦资产管理控股有限责任公司是沙迦所有的主权财富基金，规模为19亿美元，排名世界第67位。富查伊拉控股规模5亿美元，排在世界第81位。[1]

二、投资策略多元化

近年来，阿联酋主权财富基金的投资策略呈现多元化发展态势，首先表现在投资组合的多样化上。阿布扎比投资局的投资覆盖多种资产，拥有高度多样化的投资组合，跨越地域、资产类别和资产类型，目标是在整个市场周期中产生一致的长期回报。据阿布扎比投资局网站公布的数据显示，其投资分布在发达国家股市、新兴市场股市、国债、信贷资产、房地产、私募股权、基础设施、现金等领域。其中，发达国家股市的最高投资比例为42%，其次是新兴市场股市和政府债券，最高投资比例分别为20%。[2] 阿布扎比投资局对私募股权和基础设施的投资多年来一直在增长，这两种资产类别的配置范围也相应增加：私募股权从2%—8%增加到5%—10%，而基础设施从1%—5%增加到2%—7%。[3]

不同于阿布扎比的主权财富基金主要依靠石油收益，迪拜投资公司的收益主要依靠资产投资，其投资组合公司来自不同的行业，包括银行及金融服务领域5家，交通运输领域4家，油气产业1家，工业领域3家，酒

---

[1] "Top 100 Largest Sovereign Wealth Fund Rankings by Total Assets", Sovereign Wealth Fund Institute, August 2021, https://www.swfinstitute.org/fund-rankings/sovereign-wealth-fund.（上网时间：2021年12月17日）

[2] Abu Dhabi Investment Authority, "2020 ADIA Review", September 8, 2021, p. 3, https://www.adia.ae/En/pr/2020/pdf/2020_ADIA_Review.pdf.（上网时间：2021年12月17日）

[3] Abu Dhabi Investment Authority, "2020 ADIA Review", September 8, 2021, p. 6, https://www.adia.ae/En/pr/2020/pdf/2020_ADIA_Review.pdf.（上网时间：2021年12月17日）

店休闲业9家，房地产及建筑业9家，零售业9家，以此实现投资多样化和风险最小化。其中，投资比重最多的是银行及金融服务领域和交通运输，各占25%；其次是酒店休闲业和房地产及建筑业，各占16%。[1] 这些投资组合公司均为阿联酋各行业中的大公司，全面影响着阿联酋居民的生活和在阿联酋的企业的经营活动。总体来说，这样的投资组合反映了迪拜的经济增长计划和战略重点领域。

此外，阿联酋主权财富基金的投资多元化还表现在投资区域的多样化上。阿布扎比投资局的投资区域遍布北美、欧洲、新兴市场和亚洲发达国家，其中，北美的最高投资比例为50%，其次是欧洲，对新兴市场的投资也占有较高比例，最高投资比例为25%。[2] 迪拜投资公司的投资业务则涵盖六大洲85个国家的66家投资对象公司，其中欧洲和亚洲的投资对象最多，分别为27家和26家。[3]

三、运作缺乏透明度

全球主权财富基金的一项研究指出，海湾地区的主权财富基金在管理和恢复能力方面表现得最差，对外披露不足，缺乏信任。[4] 研究指出，阿布扎比投资局的年度报告越来越不透明，不再披露与政府的关系等细节。全球主权财富基金在2020年推出的GSR（Governance, Sustainability and Resilience，即治理、可持续和恢复力三大要素）打分包括10个与治理有

---

[1] Investment Corporation of Dubai, https://icd.gov.ae/our-portfolio/. （上网时间：2022年1月10日）
[2] Abu Dhabi Investment Authority, "2020 ADIA Review", September 8, 2021, p.3 https://www.adia.ae/En/pr/2020/pdf/2020_ADIA_Review.pdf. （上网时间：2021年12月17日）
[3] Investment Corporation of Dubai, "2020 Investment Corporation of Dubai Review", p.14, https://icd.gov.ae/group-performance/. （上网时间：2022年1月10日）
[4] "Gulf Sovereign Wealth Funds Among World's Least Transparent," TRTWorld, July 7, 2021, https://www.trtworld.com/magazine/gulf-sovereign-wealth-funds-among-world-s-least-transparent-48159. （上网时间：2022年1月10日）

关的指标、10个与可持续性问题有关的指标、5个与恢复力有关的指标，中东地区只有阿布扎比穆巴达拉基金在内的4家基金超过50%。

跟大多数海合会国家的主权财富基金一样，阿联酋的主权财富基金与各酋长国统治家族的财富挂钩，因此很多财务数据不对外披露，其运作缺乏透明度。王室成员在基金的董事会成员中占有很高比例。例如，阿布扎比投资局董事会主席是酋长哈利法·本·扎耶德，副主席是王储穆罕默德·本·扎耶德。迪拜投资公司董事会主席是迪拜王储哈姆丹·本·穆罕默德，副主席是迪拜副酋长马克图姆·本·穆罕默德。事实上，阿布扎比投资局早期的投资策略和投资组合一直不为人知，直至2008年，阿布扎比投资局联合主持了由26家主权财富基金组成的国际工作组，制定了《圣地亚哥原则》，以此向国际金融市场证明主权财富基金拥有健全的内部框架和治理做法，外界才得以了解部分相关信息。

第三节 各酋长国的特色发展道路

阿联酋联邦制的特点使得每个酋长国在经济发展方面都有一定的自主权，经过50年的发展，每个酋长国皆根据各自在联邦经济体系中的定位和所拥有的资源，找到重点发展的方向。迪拜率先开始的经济转型使阿联酋成为阿拉伯半岛经济自由化的先驱，阿布扎比进军可再生能源和清洁技术领域，沙迦成为文化艺术之都，哈伊马角发展水泥和重工业，富查伊拉成为石油存储和供应中心。

一、迪拜发展模式

迪拜发展模式包括四个要点，第一是经济多元化的尝试。如上文所述，迪拜是阿拉伯半岛乃至中东地区的物流和基础设施建设中心。20世纪七八十年代建立的杰贝阿里港和自由区开创了时代的先例,改变并引领了阿拉伯半岛的商业发展模式。这些早期经济多元化方面的尝试在近年来迪拜的发展中不断被强化,例如打造集经济、商业、住宅功能为一体的迪拜世界中心。

从最早的综合性自由区起步,近年来迪拜还大力发展各种专业化的自由区,比如迪拜互联网城、迪拜海运城、迪拜物流城、迪拜媒体城、迪拜影视城、迪拜体育城、迪拜医疗城等。政府在关税、进口配额、所得税、外资所有权限制等方面给投资者提供种种优惠政策,免除繁琐的官僚办事程序,同时配备完善的基础设施和便利的交通条件。

第二是两代领导者的开拓性决策。迪拜之所以能成为基础设施建设中心,一方面是基于其在跨国贸易模式中的中心地位,另一方面也要归功于20世纪的上一代迪拜酋长拉希德·本·赛义德·阿勒马克图姆的远见,他开启了迪拜的自由港之路,并大力兴建可支撑其后续发展的现代化基础设施。拉希德酋长领导下的迪拜的崛起说明了魅力型权威在驱动个性化决策过程中的核心作用。1990年10月拉希德酋长逝世后,悼词将他描述为"更像是现代威尼斯总督,领导着一个充满活力的商业合作社,而不是传统海湾阿拉伯国家的统治者","密切关心酋长国事务的任何一个细节","从来不害怕坚持自己的商业判断,即使与专家和学者的意见相左"。[①] 现任迪拜酋长穆罕默德·本·拉希德也是一位非常有创造力和抱负的领导者,他曾说道:"不管你是狮子还是羚羊,每当晨光降临,你就要比别人跑得快,才能获得成功","排名第二的马匹无人知晓,所以我们应该一马当先","我们阿拉伯人还可以恢复昔日的荣光……恢复我们曾经丢失的禀赋:敢为人先"。[②] 商人出身的马克图姆家族以经营现代化企业的方式管理迪拜,通过长期丰富的宣传和营销手段,将迪拜打造成世界著名的"黄金

[①] "Tribute to Sheikh Rashid bin Saeed Al Maktoum", Gulf States Newsletter, Vol. 15, No. 396, October 15, 1990.

[②] [阿联酋] 穆罕默德·本·拉希德·阿勒·马克图姆著,张宏、薛庆国等译:《我的构想——迎接挑战 追求卓越》,外语教学与研究出版社2007年版,第3—12页。

之城"。

第三,灵活高效的行政管理部门是迪拜发展模式的重要成因。20 世纪 90 年代中期,当时还是迪拜王储的穆罕默德·本·拉希德建立了一个由管理者和顾问组成的执行办公室,他们构成"高度活跃和个性化政府"的核心,致力于将迪拜打造成国际化大都市。[1] 他们善于借助博人眼球的新闻登上媒体头条,比如棕榈岛和世界岛,以及引领地区潮流的房地产行业自由化。

迪拜酋长穆罕默德常常被称作迪拜公司的首席执行官,与其说他管理的是一个政治实体,倒不如说他管理的是一个全球性的公司。进入 21 世纪,执行办公室被委托管理所有的新开发项目、大型项目、国有企业、自由区和港口。在迪拜发展的过程中,穆罕默德酋长身边紧密围绕着一个由他的几名支持者组成的高级官员顾问团队,他们领导的主要控股集团组成"迪拜模式"的核心,比如迪拜控股集团首席执行官穆罕默德·阿卜杜拉·卡尔卡维、迪拜世界集团总裁苏尔坦·本·苏拉耶姆（Sultan bin Sulayem）、艾马尔地产公司总裁穆罕默德·阿拉巴（Mohammed Alabbar）。他们都为酋长的迪拜投资公司服务,不断为国有企业引入资金,彼此之间相互竞争,都在追求最引人注目的项目。执行办公室为他们的活动制定战略,提供支持。在 21 世纪前 10 年迪拜的飞速发展中,行政办公室作为迪拜决策的中心,已逐渐取代传统的酋长法庭。

迪拜良好高效的经商氛围也源于行政管理部门的所有活动受到酋长及其核心顾问的直接领导和密切关注。例如,杰贝阿里自由区 1985 年由苏尔坦·本·苏拉耶姆建造,通过给予外资全部所有权等政策推动外商投资;互联网城和媒体城在穆罕默德·阿卜杜拉·卡尔卡维的主导下建设,旨在吸引更多的经济部门;迪拜国际金融中心由另一位酋长的重要顾问奥马尔·本·苏莱曼（Omar bin Suleiman）创建,通过制定基于英国普通法的

---

[1] "MBR's Accession Injects a New Dynamic into Dubai/Abu Dhabi Ties", Gulf States Newsletter, Vol. 30, No. 773, January 13, 2006, p. 20.

独立立法和监管体系,减轻投资者对本地官僚问题的担忧。这些在经济多元化方面所做的努力取得巨大成功,20世纪90年代中期,迪拜非石油产业在国内生产总值中所占份额就已达到82%。21世纪前5年,迪拜占阿联酋全部外国直接投资的54%。[1]

最后,房地产的大规模发展是迪拜模式的显著特征。21世纪初,迪拜政府出台政策,放开房地产行业,向非国民开放住房签证。该政策对迪拜经济多样化和国内投资策略产生了深远影响,长期存在的禁止非国民拥有房产的国家法律被废除,针对高端外国客户的房地产业迅速发展,其他海湾国家见状纷纷效仿。2008年金融危机爆发之前,在巴林、卡塔尔、阿曼和阿联酋至少有130万套针对外国人的住宅在建,这一惊人的数字可能比这四国的公民还多。[2] 迪拜房地产行业泡沫化现象日益严重。据统计,2007年全年,迪拜当地房地产市场上的平均房价上涨了近80%,在2008年上半年仍势头不减,继续上涨了25%。[3] 2008年金融危机的爆发撼动了迪拜模式的地位,揭开了迪拜经济多样化脆弱的一面。迪拜经济多样化是建立在建筑业和房地产行业的组合、高端旅游业以及国有企业支撑的金融业的基础之上的,严重依赖持续的外国直接投资和获得廉价的国际信贷。

2009年初,迪拜债务达到1200亿美元,比当年迪拜的国内生产总值还要高。2009年2月,总部设在阿布扎比的阿联酋央行介入,从迪拜政府那里购买了100亿美元的债务。2009年11月,阿布扎比通过两家阿布扎比所有的银行以4%的利率向迪拜援助100亿美元贷款。2014年3月,阿

---

[1] Christopher Davidson, "Diversification in Abu Dhabi and Dubai: The Impact of National Identity and the Ruling Bargain", in Alanoud Alsharekh and Robert Springborg (eds.), Popular culture and Political Identity in the Arab Gulf States, London: Saqi Books, 2008, p. 150.

[2] Omar AlShehabi, "Migration, Commodification, and the 'Right to the City'", in Abdulhadi Khalaf, Omar AlShehabi, and Adam Hanieh (eds.), Transit States: Labour, Migration & Citizenship in the Gulf, London: Pluto Press, 2015, p. 106.

[3] 宗良、钟红等:《迪拜债务危机爆发的原因、影响及启示》,《中国货币市场》2009年第12期,第16页。

布扎比和阿联酋央行同意为在金融危机期间提供给迪拜政府的 200 亿美元债务进行再融资，这些债务本于当年到期。① 依靠阿布扎比强大的石油收入和持续注资，迪拜才能逐步走出债务危机的阴影，"迪拜模式"没有就此终结，但其发展的步伐则迈得更加谨慎。

二、致力于能源转型的阿布扎比

与迪拜迫切希望摆脱能源经济，为吸引外国直接投资不惜选择高风险的发展策略不同的是，阿布扎比充分利用本国在能源领域的优势，在主权财富基金和其他投资中大量积累海外资本，选取了一条更为稳健的发展道路。油气产业一直在阿布扎比经济中占据主导地位，其收益用来弥补非石油产业的赤字。在保持经济总体增长的基础上，作为经济多样化的措施，阿布扎比致力于以高于石油行业的速度促进非石油国内生产总值增长，以期在2028之前实现非石油贸易的平衡。②

为满足阿联酋国内日益增长的能源需求，阿布扎比除了继续保持在传统能源领域占有的优势之外，还在可再生能源领域投入大量资本和精力，以扭转近年来阿联酋国内不可持续和破坏环境的资源利用模式。2006 年 4 月阿布扎比政府启动了范围广泛的新能源开发项目"马斯达尔计划"，涵盖马斯达尔城、马斯达尔能源、马斯达尔科技学院、马斯达尔清洁技术基金等。该计划由阿布扎比未来能源公司负责，具体实施细节为在阿布扎比国际机场附近的沙漠里建立一座完全依靠太阳能、风能等可再生能源，实现二氧化碳零排放的马斯达尔城；建立用于研究与投资可再生能源和未来

---

① "UAE, Abu Dhabi Roll Over ＄20 Bln of Dubai's Debt", World Bulletin, March 16, 2014, http：//www.worldbulletin.net/haber/131197/uae－abu－dhabi－roll－over－20－bln－of－dubais－debt. （上网时间：2022 年 1 月 15 日）

② The Government of Abu Dhabi, "The Abu Dhabi Economic Vision 2030", November 2008, p. 124, https：//www.actvet.gov.ae/en/Media/Lists/ELibraryLD/economic－vision－2030－full－versionEn.pdf. （上网时间：2021 年 12 月 18 日）

能源的技术中心；与麻省理工学院、世界未来能源峰会等机构合作，于2009年9月设立马斯达尔科技学院。2011年，国际可再生能源署的总部落户阿布扎比，这是第一次有国际组织将总部设在中东地区。这两大事件标志着阿布扎比已经成为可再生能源领域的领导者。尽管受金融危机以及技术方面难题的影响，马斯达尔城的预算被削减，未能按照原计划完成建设，建设目标也由"零碳"改为"低碳"，但2010年阿布扎比政府调整了计划，使马斯达尔城及其相关企业在政策范围和实施进度上变得更具可行性。正如马斯达尔城清洁能源主管巴德尔·拉姆基所说："总有一天碳氢化合物会减少，重要的是我们要多样化。阿布扎比一直是这一领域的领导者，我们愿继续在全球舞台上发挥这一作用。"①

此外，阿布扎比还在和平利用核能方面取得进展。到2020年，阿联酋国内对电力的需求增加165%，而天然气和可再生能源只能供应上述需求的不到一半。因此，阿联酋于2007年3月公布对和平利用核能的评估和发展政策，2008年6月启动民用核能项目，最终在阿布扎比西部地区建成4个核反应堆，将核能用于发电，支持国内经济建设。

三、致力于文化教育的沙迦

沙迦是阿联酋第三大酋长国，面积为2590平方公里，占阿联酋总面积的3.3%。② 沙迦致力于打造教育和文化之都，特别注重当地文化遗产资源的保护和利用，而且拥有阿联酋1/4的博物馆和包括沙迦美国大学在内的众多公立和私立学校。20世纪90年代，沙迦先后被阿拉伯国家联盟和联

---

① Kyle Sinclair, "For Abu Dhabi 2030 vision, Shams 1 is about knowing and diversifying", The National, March 17, 2013, https：//www.thenational.ae/uae/environment/for－abu－dhabi－2030－vision－shams－1－is－about－knowing－and－diversifying－1.568487. （上网时间：2021年12月18日）

② https：//government.ae/ar－ae/about－the－uae/the－seven－emirates/sharjah. إمارة الشارقة، البوابة الرسمية لحكومة دولة الإمارات العربية المتحدة، （上网时间：2017年12月25日）

合国教科文组织认定为阿拉伯世界的文化之都。2014年,伊斯兰国家组织将其命名为伊斯兰文化之都。在沙迦的带动下,迪拜和哈伊马角也开始大量投资民族文化遗产项目,哈伊马角的研究机构专注于本地文化遗产和历史的研究,迪拜则修复了历史悠久的巴斯塔基亚城的部分古迹,并建立了迪拜民俗村。这些都得到扎耶德总统的支持,他曾指出"一个没有历史的民族也不会有现在和未来"。[1]

四、致力于重工业的哈伊马角

近年来,哈伊马角正以一个崭新的身份吸引着世界的目光,那就是全球装甲车制造中心,至少有10个主要的制造商在哈伊马角投资建厂,有4家公司设立在哈伊马角贸易自由区。其中,加拿大斯特雷特集团在哈伊马角的工厂规模由2006年约13万平方米迅速增加到2012年的约39万平方米。哈伊马角的土地和设施租金较低,获取经营许可证的手续较为简单,交通便利,这些有利条件使哈伊马角的工业化水平在阿联酋各酋长国中位居前列。[2]

哈伊马角制定重工业发展策略的原因还在于本地虽缺乏石油,但石灰岩、黏土资源丰富,有助于水泥业、制陶业、制造业和建筑业的发展。其中,制陶业的发展最为成功,哈伊马角现拥有8家制陶工厂,营业额达到3亿美元,销往世界125个国家。[3]

哈伊马角缺乏与石油有关的工业,但拥有强大的制造业基础,使其能够在2015年油价持续下跌中保持信用评级。2000年建成的哈伊马角贸易

---

[1] Miriam Cooke, "Tribal Modern: Branding New Nations in the Arab Gulf", Berkeley: University of California Press, 2014, p.77.

[2] "Armor Firms Flocking to UAE", Defense News, September 6, 2014, https://www.defense-news.com/article/20140906/DEFREG04/309060024/Armor - Firms - Flocking - UAE/. (上网时间:2017年12月25日)

[3] "Those Entrepreneurial Al - Qasimis", Gulf States Newsletter, Vol. 27, No. 797, April 4, 2003, p.12.

自由区吸引了来自伊朗、印度、中国、俄罗斯、巴基斯坦的大量投资,取得了引人注目的成功。至 2015 年共有来自 100 个国家的 8000 多家公司落户自由区,涉及到 50 个行业。2013 年自由区的税收贡献了哈伊马角国内生产总值的 16.3%。[1]

五、致力于燃料存储和加工的富查伊拉

富查伊拉充分利用濒临阿曼湾和战略要地霍尔木兹海峡的优势,大力发展石油存储和燃料供应产业。出于实现经济多样化发展、克服石油储量不足的考量,富查伊拉决定修建港口,并于 1982 年完工。富查伊拉港建成时正值两伊战争,商业航运中断,富查伊拉港迅速成为在霍尔木兹海峡水域中等待安全通行的油轮运输的燃料中转站。战争过后,富查伊拉离岸锚固区成为鹿特丹港和新加坡港之后的全球第三大燃料和海运物流中心。2006 年,随着连接阿布扎比石油中心哈布桑和富查伊拉的阿布扎比原油管道获准建设,富查伊拉在阿联酋石油产业中的重要性进一步提高。这条原油管道由阿布扎比国际石油投资公司出资建设,2012 年 6 月完工后,每天可以输送 270 万桶原油通过霍尔木兹海峡。[2] 同一时期,富查伊拉港的石油存储量接近翻番,正在建设一个每天能处理 20 万桶原油的炼油厂和一个液化天然气接收站。[3]

---

[1] "Ras al - Khaimah Free Trade Zone Set for Expansion", Oxford Business Group, June 26, 2015, https://oxfordbusinessgroup.com/news/ras - al - khaimah - free - trade - zone - set - expansion. (上网时间:2017 年 12 月 25 日)

[2] Gaurav Sharma, "UAE's Oil Storage Hub of Fujairah Taking on Established Ports", Forbes, October 6, 2015, https://www.forbes.com/sites/gauravsharma/2015/10/06/uaes - oil - storage - hub - of - fujairah - taking - on - established - ports/. (上网时间:2017 年 12 月 25 日)

[3] "Tests Begin on Abu Dhabi - Fujairah Pipeline", Gulf States Newsletter, Vol. 36, No. 927, p. 8.

第六章 阿联酋的社会发展模式

建国以来,阿联酋的本国公民数量相较于数量激增的外国移民群体一直维持在较低水平,这使得阿联酋可以依靠石油租金维持着财富分配型国家的模式,为本国居民建立起包含教育、医疗、住房、就业在内的全面的社会福利保障体系。统治家族、部落贵族和大资本家构成社会金字塔的顶端,其次是由政府部门雇员、技术官僚和小资本家构成的中产阶级,他们通过工资、服务或补贴的形式获得政府分配的租金,而外籍劳工和贝都因人则基本享受不到社会福利保障体系带来的好处。为了消除不同文化之间的分歧,使各种文化圈的移民能在阿联酋和平相处,阿联酋政府在社会上大力推行包容共存的理念,使阿联酋成为海湾地区最为开放包容的国家。

第一节 阿联酋的社会阶层

虽然在过去的50多年里,拥有不同酋长国背景的阿联酋人已经逐渐适应阿联酋公民的身份,对联邦的归属感也大大加强了,但种族和家族背景仍在很大程度上决定了阿联酋社会体系的等级特征。随着经济的独立,阿联酋的统治者作为公共产品和社会服务的提供者,与公民建立了新的关系,也由此出现不同程度的受益人。阿联酋的社会分层主要基于国籍归属和家族出身。

一、阿联酋国籍的获得

出于维护食利阶层利益的需要，阿联酋国籍的获得并非易事。建国之初，阿联酋是根据个人居住的地区和部落归属授予国籍，而不考虑民族。联邦法律规定，获得阿联酋国籍的方法有三种：一是根据国籍法，在1925年以前就是阿联酋常住居民并且在法律生效时继续居住在阿联酋的人可以获得国籍；二是通过婚姻，阿联酋公民的妻子和他们的孩子可以获得阿联酋国籍；三是通过归化，在阿联酋居住满3年的阿曼人、卡塔尔人和巴林人，在阿联酋居住超过10年的其他国家的阿拉伯人，以及在1940年起就居住在阿联酋、在阿联酋居住满30年、对阿联酋做出重大贡献的其他民族的人。不同地区注重的标准略有不同，例如阿布扎比更重视部落族谱，而比起出身，迪拜则更注重是否在迪拜居住。但总体来说，建国初期获得阿联酋国籍并不是特别困难。

1968年进行的第一次人口普查显示，人口最多的酋长国是迪拜，其次是阿布扎比、沙迦、哈伊马角、富查伊拉、阿治曼和乌姆盖万。特鲁西尔诸国地区的人口总数为180 226人，其中，有大约7万人属于部落，部落人口占全国人口的39%。在七个酋长国中，迪拜的部落人口比例是最小的，其次是阿布扎比、阿治曼和沙迦，而拥有部落人口最多的酋长国是哈伊马角。在这一时期的阿联酋，人口分布与石油带来的新的经济发展相适应，拥有石油的酋长国居民已经逐渐摆脱部落生活的传统角色。各酋长国人口结构详见表6-1：

表6-1 1968年阿联酋部落与非部落人口

酋长国	总人口	部落人口	部落人口占所占百分比
哈伊马角	24387	17941	74%
阿布扎比	46375	17750	38%
沙迦	31668	12769	40%
富查伊拉	9735	9138	94%
迪拜	58971	7864	13%
乌姆盖万	3744	3209	86%
阿治曼	4246	1611	38%
总数	180226	70282	39%

资料来源：UAE National Bureau of Statistics, www.uaestatistics.gov.ae。

在当代阿联酋，国民也被划分为两个等级：原住民和归化民，第二等级的公民不享有与第一等级相同的权利和特权，从而导致社会分裂和歧视的出现。例如，他们通常不能在政府的敏感部门工作，也不能担任高层。1992年，旨在避免跨国婚姻、为本国公民结婚提供慷慨补助的婚姻基金建立，此举导致近亲结婚的比例从30.9%上升至50.5%。[①] 这一政策也反映了阿联酋国民对外国人的担忧情绪，即占人口大多数的外国人正在深刻影响着阿联酋的传统习俗，而与外国人的婚姻会使这种情况恶化。

近年来，阿联酋国内在如何对待大量外国人口的问题上争议不断加大。有学者认为，被授予公民身份的入籍人数不应超过本国公民的数量，一旦发生这种情况，那将对国家的同质性构成战略威胁。[②] 此外，来自民间人士的反对呼声也逐渐加大。一名来自迪拜的律师穆罕默德·罗肯

[①] L. I. Al-Gazali, A. Bener, Y. M. Abdulrazzaq, R. Micallef, A. I. Al-Khayat and T. Gaber, "Consanguineous Marriages in the United Arab Emirates", Journal of Biosocial Science, Vol. 29, No. 4, 1997, pp. 491–497.

[②] Khalifa Rashid Al Sha'ali, "The Native's Right To Citizenship", Gulf News, March 6, 2012, http://gulfnews.com/opinions/columnists/the-native-sright-to-citizenship-1.990496. （上网时间：2017年12月30日）

(Mohammed Al-Roken)在2007年呼吁公民共同反对"面向外国人士的独裁政府"。① 同时，也有专家认为外国移民的归化具有积极意义。阿联酋评论员苏尔坦·苏欧德·卡西米（Sultan Soood Al-Qassemi）指出，19世纪和20世纪，许多被同化的移民成为这个新建国家的公民，跨国婚姻和全球化移民的随之而来，使人口进一步多样化。② 阿布扎比王储高级顾问贾马尔·苏维迪（Jamal Al-Suweidi）认为，关于人口的斗争是失败的，共存是必要的。③ 阿联酋内阁与未来事务部长穆罕默德·本·阿卜杜拉·卡尔卡维提倡为长期居民提供一种特殊的永久居民身份，因为他们分享了这个国家的文化价值观和语言。④

二、上层阶级：统治家族、部落贵族和大资本家

在阿联酋，酋长和与他们关系较近的统治家族成员处于社会金字塔的顶端，他们构成食租者寡头，因为他们控制了石油带来的经济租金。在地租型国家，这些统治精英的主要目标不是从租金中积累资本并将其投资产生利益，而是将租金有效地分配给公民，从而使他们的角色合法化，并积累更多权力。酋长在各酋长国内部实行家族世袭制统治，享有不容置疑的权力。统治家族成员掌握了国家的政治、经济、外交等主要部门，垄断了国家的经济命脉。

除统治家族外，社会的其他阶层都处在从属地位，他们与食租者寡头

---

① Anthony Shadid, "A Dearth of Politics in Booming Dubai", The Washington Post, May 22, 2007, http://www.washingtonpost.com/wpdyn/content/article/2007/05/21/AR2007052101725_3.html. （上网时间：2017年12月30日）

② Sultan Al Qassemi, "In the UAE the Only Tribe is the Emirati", Gulf News, December 1, 2013, http://gulfnews.com/opinions/columnists/in-the-uae-the-only-tribeis-the-emirati-1.1261996. （上网时间：2017年12月30日）

③ Neil Partrick, "Nationalism in the Gulf States", Research Paper, Kuwait Programme on Development, Governance and Globalisation in the Gulf States, 2009, p. 30.

④ Neil Partrick, "Nationalism in the Gulf States", Research Paper, Kuwait Programme on Development, Governance and Globalisation in the Gulf States, 2009, p. 30.

保持着依附关系和世代效忠关系。由巴尼亚斯部落联盟及其同盟部落组成的主要部落构成仅次于统治家族的阶层，他们是石油租金的第二大受益者。一项对1971年到2013年阿联酋重要政府部门的历任部长的统计显示，内务、国防、外交和能源部门的部长大部分由这一阶层的成员担任。[①] 这些部落的成员被任命为内阁部长，从而反映了统治者对他们一贯的信任。在英国和前石油时代，阿拉伯部落已经拥有重要的合法化身份，但只要他们愿意，他们可能会从效忠一个酋长转变为效忠另一个酋长。随着近代以来民族国家概念的兴起，民族国家设置的边界不再允许被侵犯，因此公民与其效忠的特定统治者联系在一起。统治阶层的角色从税收者和财富分配者变成唯一的石油租金分配者，而主要部落的效忠则通过获得补助、与统治家族联姻、被分配政府职位等方式得到保障。

阿联酋本国的大资本家阶层可以被划分为两类。第一类是传统的贸易家族，主要包括与阿勒纳哈扬等统治家族联系紧密的部落贵族，还有世代从事商业活动的被授予阿联酋国籍的非部落或非阿拉伯家族，特别是那些在20世纪30—70年代困难时期对统治家族忠心耿耿的人，他们在阿联酋独立后成为资本家阶层中的特权阶级，他们中的大部分仍然依赖石油租金维持现有生活。

第二类是新一代的食租者，他们往往有着非部落背景，从与石油无关的经济活动中获得租金，因此他们倡导经济自由化改革。其中，第二类又可以分为两小类：一是有实力的阿拉伯商人；二是与统治家族和部落上层关系密切的波斯裔商人，在政界名人中，内阁与未来事务部长穆罕默德·本·阿卜杜拉·卡尔卡维和外交事务国务部长安瓦尔·本·穆罕默德·加尔加什都拥有这一背景。

大资本家阶层的成员，特别是有阿拉伯血统的人，通常可获得联邦国民议会或大使的职务，但是他们担任政府重要部门领导的可能性不大，因

[①] Marta Saldaña Martín, "Rentierism and Political Culture in the United Arab Emirates", PhD Dissertation, University of Exeter, 2014, p. 102.

为关键职位主要掌握在统治家族和部落贵族的手中。随着石油收入猛增，统治者与商人们在开发项目和新兴的私营企业活动中的接触日益增多，政治精英和经济精英开始相互支持，同时也阻止了来自资本家阶层内部的潜在的政治异议。资本家阶层也包括统治家族成员，因此可以说，商人是仅次于部落贵族的、最接近统治精英阶层的群体。

资本家阶层之所以保持与统治阶层的依附关系，是因为私人资本仍然依赖于由食租者寡头控制的租金。在阿联酋的私营企业中，没有明确界定政府所有权的界限，而政府和企业之间的庇护关系是一系列经济利益和非经济目标共同作用的结果，比如国家安全和政权生存。① 同时，也有小部分具有民族意识的资本家和本地商人被排除在外，并受到阿联酋依赖性经济的负面影响，他们被认为是一种潜在的"变革力量"。②

在阿联酋，外资资本家虽然不享有公民特权，但他们在社会中处于较高地位，并享有高度的独立性。长期以来，印度商人是组成这个社会阶层的主要成员，伊朗企业在阿联酋也有很大的影响力，有超过8000家伊朗公司和商人在迪拜注册，主要从事商品从阿联酋到伊朗的再出口行业。③ 除此之外，其他阿拉伯国家、西方和亚洲的企业也在阿联酋获得巨大的利润。本国资本家阶层和外资资本家阶层作为统治精英的同盟，在有利于本国公民和外国精英的社会与经济等级制度的产生上发挥了重要作用，同时维持着劳工移民的社会结构。

但是，外国资本家阶层没有能力争取到政治资源，因此不可能进入阿联酋的政治体制。随着在阿联酋的跨国公司数量的增加以及阿联酋公司和

---

① Khaled Almezaini, "Private Sector Actors in the UAE and Their Role in the Process of Economic and Political Reform", in Steffen Hertog, Giacomo Luciani, and Marc Valeri (eds), Business Politics in the Middle East, London: Hurst & Co, 2013, pp. 43 – 66.

② Abdulkhaleq Abdulla, "Political Dependency: The Case of the United Arab Emirates", PhD Dissertation, Georgetown University, 1984, p. 286.

③ Kareem Shaheen, "Dubai's Iranian Traders Feel Heat of Sanctions", The National, September 24, 2010, https://www.thenational.ae/uae/dubai-s-iranian-traders-feel-heat-of-sanctions-1.535212. （上网时间：2017年12月30日）

主权财富基金对外投资的增长，这一群体对阿联酋经济融入全球化市场而言具有重要意义。统治阶层、本国资本家阶层与外资资本家阶层建立了直接的联系，因为他们在经济方面有共同的利益，政权还要依靠外国精英的支持，这也可以被看作外资资本家阶层的另一种权力资源。

三、中产阶级：政府部门雇员、技术官僚和小资本家

中产阶级主要由政府部门雇员、技术官僚和小资本家构成，他们通过工资、服务或补贴的形式获得政府分配的租金。这一阶级是在1971年建国时被确认为阿联酋公民的人，主要包括较小和不太重要部落的成员、没有部落背景的阿拉伯人和非阿拉伯人。他们的后代形成中产阶级，成为全国人口的主要组成部分。随着政府为定居生活提供政策援助而导致游牧生活逐渐消失，这一阶级的人放弃了传统的经济活动，转而开始在新的工作岗位任职。首先是石油产业，然后是新成立的联邦和地方政府机构，逐渐扩展到各种私营公司。以前的水手、采集珍珠的潜水员和游牧的牧民变成政府的雇员，而传统的农业、渔业活动则被收入较低的新移民群体接管。

虽然大部分中产阶级在政府部门工作，但越来越多的阿联酋人受到政府减免税收和利润丰厚的担保人制度的鼓励，创办了自己的企业，这部分私营企业主构成阿联酋的小资本家。中产阶级的成员偶尔会被任命为政府官员，以便将潜在的政治反对派纳入政治体系。例如20世纪70年代，一些左翼人士和伊斯兰主义者被任命为部长，其中，阿卜杜拉·本·奥姆兰·塔里姆（Abdullah bin Omran Taryam）被任命为教育部长和司法部长，穆罕默德·阿卜杜拉赫曼·拜克尔被任命为司法部长。[1]

阿联酋公民工作的机会取决于其所属的部落和民族，而来自海湾合作

---

[1] Courtney Freer, "The Muslim Brotherhood in the United Arab Emirates: Anatomy of a Crackdown", Middle East Eye, December 17, 2014, https://www.middleeasteye.net/big-story/muslim-brotherhood-emirates-anatomy-crackdown. （上网时间：2017年12月30日）

委员会国家和西方的技术官僚在获得工作机会方面享有与阿联酋本国中产阶级相似的地位。如果来自海合会国家的移民与部落贵族有关系，就会得到阿联酋政府的优待。与之类似，西方移民也会获得更高的收入和更好的待遇。阿联酋的中产阶级经常抱怨外国技术官僚正在阻止他们在私营企业获得工作机会和更高的薪水，并且外国技术官僚比国人享有更多的自由，因此他们认为国家制度在很多方面是为非国民服务的。

此外，自20世纪80年代末以来，越来越多的来自东亚和东南亚国家的技术移民向阿联酋迁移。他们的工资通常低于西方人在相同岗位上的工资水平，并且由于外表的不同，他们经常受到服务业和来自海湾国家的蓝领工人的歧视。

四、下层阶级：外籍工人和贝都因人

阿联酋社会下层阶级中地位较高的阶层是联邦建立以后来自埃及、巴勒斯坦、黎巴嫩和也门的阿拉伯移民，他们组成数量巨大的工人阶层。发生在许多阿拉伯国家的民族主义运动和左翼运动开始挑战海湾地区的政权，因此来自阿拉伯国家的移民自20世纪70年代起逐渐被印度次大陆和其他亚洲国家的移民取代，因为这些移民对阿联酋公民的政治影响较小。特别是在20世纪90年代，海合会国家借口阿拉伯移民的国家政府支持伊拉克入侵科威特，大量驱逐来自阿拉伯国家的移民。至2002年，在海合会国家工作的外籍工人中，阿拉伯人的比例从1975年的72%下降到25%—29%。[1] 中东剧变发生后，在阿联酋的外籍阿拉伯人被警告不要卷入政治，否则会被直接驱逐出境。尽管这些阿拉伯人无法获得来自海合会国家阿拉伯移民和西方人那样的特权，但他们比来自亚洲和非洲的移民更能适应阿联酋，因此他们仍然是阿联酋社会阶级的重要组成部分。根据教育背景和

---

[1] Adam Hanieh, "Capitalism and class in the Gulf Arab States", New York: Palgrave Macmillan, 2011, p. 79.

专业技能，他们可以在不同的就业领域找到工作，他们获得的工资比技术官僚低，但比其他国家的工人要高。

在阿联酋的蓝领工人和底层外国劳工之间，还存在一个数量有限的社会阶层——贝都因人。他们是无国籍的人，准确数量难以统计。根据国际难民组织的统计，他们的人数在1万到10万之间。[①] 他们可以获得一些福利，但是总的来说，他们获得公共医疗和教育的机会有限。他们的婚姻不受法律保障，无法申请驾照，难以获得可以作为长期居民证据的出生证明和死亡证明。在没有基本身份证件的情况下，他们的行动和就业受到限制，他们成为受歧视的弱势群体，因此许多人生活在贫困之中。

外国劳工是阿联酋最低的社会阶层，受担保人制度的影响最大，工资最低，生活在最恶劣的条件下。他们中的许多人到阿联酋后被迫签订了低于承诺的工资合同，同时背负了因支付管理费用和到达阿联酋的交通费用而产生的巨额债务。大多数雇主认为他们是临时劳动力，让他们在被驱逐出境的威胁下工作，有时还会故意拖欠他们的工资，因为外国劳工不能通过法律渠道获得援助来要求雇主支付工资。尽管海湾地区低收入工人的情况已多次遭到国际人权组织的谴责，但是这一问题并没有引起阿联酋国内的足够重视，因此政府所面临的改变劳工待遇的压力非常有限，为改善这一社会阶层工作和生活条件所做的改革也微不足道。

第二节　包容的价值理念

如上文所述，与大多数海合会国家类似，外国移民在阿联酋社会阶层中占有极大比例，其常住人口来自200余个国家和地区，其中近九成是外

---

① Maureen Lynch, "United Arab Emirates: Nationality Matters", Refugees International, January 12, 2010, http://refugeesinternational.org/blog/united-arab-emirates-nationalitymatters#sthash.XdRzcvvB.dpuf. （上网时间：2017年12月30日）

来移民。来自世界各地的居民为阿联酋带来不同文化，如何减缓外来文化对本土文化造成的冲击，同时保存阿拉伯伊斯兰文化的价值观，是阿联酋社会发展面临的难题。近年来，阿联酋在打造包容社会方面取得亮眼的成绩，通过系列举措在社会上大力宣传弘扬包容、共存的价值观，消除不同文化之间的分歧，为文化交融创造有利条件，从而实现各民族在阿联酋的和平共处。作为中东地区十分开放包容的国家之一，阿联酋政府对包容理念的发掘与倡导在极端主义泛滥、宗教冲突日益严重的中东地区显得难能可贵。

一、设立包容部

2016年2月，阿联酋对联邦政府机构进行重大结构性改革，确立了包括包容在内的五大未来政府重点工作领域，首次设立了包容部。其主要职责有跟进《反歧视和仇恨法令》各项规定的执行情况、制定包容战略计划、传播包容意识、组织各类包容活动和代表国家出席倡导包容价值观的地区或国际会议。[①] 现任部长为纳哈扬·穆巴拉克·阿勒纳哈扬（Nahayan Mabarak Al Nahayan），拥有长期海外教育背景，毕业于牛津大学，为阿布扎比王室成员，同时还是内阁成员，于2017年10月上任。此前他长期在教育和文化领域担任要职，担任过包括扎耶德大学校长、教育部部长、文化与知识发展部部长等在内的多个职位。

二、制定国家包容计划

2016年6月，阿联酋内阁批准国家包容计划。该计划首次对阿联酋倡导的包容价值观内涵进行系统解读，确定了阿包容价值观的基本架构，是

---

① The UAE Ministry of Tolerance, http://www.tolerance.gov.ae/en/default.aspx.（上网时间：2019年6月8日）

阿包容领域的纲领性文件。根据该计划，阿包容价值观内涵包括五大方面：一是尊重、接受和欣赏世界各地丰富多彩的文化、表达方式和为人方式；二是指出包容是差异中的和谐，不仅是一种道义责任，更是一种政治和法律义务；三是认为包容是使和平成为可能，并有助于以和平文化取代战争文化的美德；四是明确包容不是妥协、屈尊或纵容，而应建立在承认他人普遍人权和基本自由的基础上；五是认为包容并不意味着个人信仰的放弃或削弱，而是赋予人坚持信仰并接受他人信仰的自由。[①] 该计划还确定了包容领域的五大工作主题，分别是加强政府作为包容"孵化器"的作用、发挥家庭在建设包容社会方面的功能、保护青年免受狂热行为和极端主义的伤害、丰富包容的科学文化内涵、为促进包容的国际社会贡献阿联酋力量，并在各主题下列出主要措施。

三、立法保障包容价值观

阿联酋通过立法，将恐怖主义、极端主义和煽动仇恨定为犯罪，从法律上保护宗教自由，推行包容价值观。2015年7月，阿联酋总统颁布反歧视法令，规定任何歧视宗教信仰、阶级出身、种族肤色的行为将被视为犯罪行为。

四、成立包容价值观研究中心

为消除极端主义煽动仇恨的言论对伊斯兰教和穆斯林形象的损害，阿联酋专门建立多家研究中心，宣传伊斯兰教包容、对话和共存的价值观。例如，在迪拜建立国际包容研究所，主要职责是传播包容文化，推动阿联酋成为反极端主义、反歧视的典范；在"全球反恐论坛"倡议下筹建国际反暴力极端主义示范中心，致力于研究和分析打击各种形式的暴力极端主

---

① The UAE Government, "The National Program for Tolerance", p. 14.

义；与美国联合建立萨瓦布中心，[1] 旨在反击活跃在社交媒体上的宗教极端分子。

五、召开国际会议宣传包容价值观

阿联酋发起和主办了促进穆斯林社会和平论坛，面向全世界宣传伊斯兰教是一种和平与正义的宗教。在该论坛框架下成立穆斯林长老理事会，汇集开明宗教学者和知识分子，致力于消除暴力与仇恨，共同促进穆斯林社会的团结与和平。该论坛创建于2014年，至今已举办4届。此外，阿联酋于2019年11月举办了第二届世界包容峰会，峰会主题是"多元文化中的包容：实现包容世界的社会、经济和人文利益"。[2] 峰会期间"政府包容展"亮点突出，参与峰会的部分政府机构将在展览中介绍本国有关包容、多元及和平共存领域的项目与倡议。

六、促进包容理念融入社会生活

除了做好顶层设计，阿联酋政府还致力于创造社会热点，不断提高公众的包容意识。2017年6月，阿联酋将位于阿布扎比的谢赫·穆罕默德·本·扎耶德清真寺更名为"玛丽，耶稣之母"，旨在加强不同宗教信徒之间的交流。2017年11月，为纪念国际包容日，阿联酋将横跨迪拜运河的人工天桥命名为"包容桥"。2018年11月，为庆祝在阿生活的各民族之间包容、和谐、共存的国家文化，阿联酋创立首届国家包容节，节日期间举办了数百场活动，旨在加强民众对包容理念的接受和理解。此外，阿联酋

---

[1] 萨瓦布是Sawab的阿拉伯语音译，意为正确的道路。
[2] World Tolerance Summit 2019, https://dxblive.com/projects/World–Tolerance–Summit–2019.（上网时间：2019年6月8日）

将2019年定为包容年,[①] 并以象征安宁与和平的牧豆树作为包容年的标志,旨在向本国、本地区和国际社会传递共存与和平的价值观。此举凸显出阿联酋致力于建立一个包容团结的社会,成为世界各国不同文明人民之间沟通交流的桥梁,打造彼此尊重、拒绝极端主义、强调认同与接受的环境。在包容年,阿联酋的主要媒体和报纸通过设立专题加大新闻报道的力度,向全社会报道阿联酋包容年的相关活动和取得的成果,取得良好的宣传效果。以上种种举措反映出阿联酋希望将包容观念打造成社会的基本价值观,使包容观念深入民心,融入生活。

七、打造包容的文化底蕴

阿联酋通过引进世界著名博物馆和顶级大学的资源在阿建立分支机构,以此增强不同文化之间的碰撞、互动与交流,其中就包括卢浮宫阿布扎比博物馆和阿布扎比古根海姆博物馆,并建立了阿布扎比巴黎索邦大学、纽约大学阿布扎比分校等世界著名大学的分支机构。

第三节 全面的社会福利保障

在阿联酋,贫穷和不平等不是本国公民关注的主要问题。受益于丰富的石油资源,阿联酋确立了地租型国家的模式,较少的公民人数使阿联酋政府可以为其公民提供包括社会保障福利、免费或补贴住房、完善的医疗保健系统、教育机会和大量其他生存援助在内的综合福利体系。近年来,用于社会福利的拨款一直在联邦预算中占有较大比例。2015年,联邦预算为提供社会服务和公民福利的拨款所占比例达到49%,据估计为240亿迪

---

① 自2015年来阿联酋每年确定一个主题,2016年为阅读年,2017年为奉献年,2018年为扎耶德年。

拉姆，重点放在教育、医疗、其他社会服务和提高政府服务上。① 2016 年和 2017 年用于社会服务的拨款均超过联邦预算的 50%。具体来说，2017 年预算中与社会服务有关的预算额度达到 252 亿迪拉姆，其中包括用于普通和高等教育领域的 102 亿迪拉姆（占全部预算的 20.5%），用于卫生保健和社会保障领域的 42 亿（占 8.6%），用于养老金的 40 亿（占 8.2%），用于社区发展的 32 亿（占 6.6%），以及用于住房领域的 16 亿（占 8.2%）。② 阿联酋副总统兼总理、迪拜酋长穆罕默德曾表示，"满足本国公民的需求是阿联酋政府政策的基石，也是实现阿联酋 2021 年愿景的各项国家议程中的首要任务"。③

在就业领域，存在公民失业的情况，但这不是就业机会不足的结果，而在很大程度上应归因于阿联酋公民偏爱在公共部门工作而不是竞争更加激烈的私营部门。阿联酋的失业率较低，从 2012 年的 4.0% 下降到 2013 年的 3.8%，2013 年男性的失业率为 2.8%，女性为 8.8%。④ 2014 年，5.8% 的阿联酋公民受雇于私营部门，与之相反的是，有 76.6% 的阿联酋公民在政府部门工作，还有 16.6% 的公民受雇于半政府机构。⑤ 为解决阿联酋公民就业不平衡的现象，阿联酋政府采取一系列措施，例如自 2000 年起开始实行旨在提高阿联酋公民在公有和私有部门就业率的"阿联酋公民"计

---

① Emirates News Agency, "UAE Approves Dh49.1 Billion Draft Budget for 2015", Khaleej Times, October 14, 2014, https://www.khaleejtimes.com/article/20141013/ARTICLE/310139948/1010. （上网时间：2018 年 1 月 15 日）

② Emirates News Agency, "UAE Cabinet Approves Dh248b Federal Budget for 2017 – 2021", Gulf News, October 30, 2016, http://gulfnews.com/news/uae/government/uae – cabinet – approves – dh248b – federal – budget – for – 2017 – 2021 – 1.1921185. （上网时间：2018 年 1 月 15 日）

③ Emirates News Agency, "UAE Approves Dh49.1 Billion Draft Budget for 2015", Khaleej Times, October 14, 2014, https://www.khaleejtimes.com/article/20141013/ARTICLE/310139948/1010. （上网时间：2018 年 1 月 15 日）

④ The UAE Ministry of Economy, "The Annual Economic Report 2015", p. 46.

⑤ Roberta Pennington, "Shorter Work Hours and Patriotism Main Reasons Emiratis Prefer Public – sector Jobs: Study", The National, December 30, 2016, https://www.thenational.ae/uae/government/shorter – work – hours – and – patriotism – main – reasons – emiratis – prefer – public – sector – jobs – study – 1.202046. （上网时间：2018 年 1 月 21 日）

划,以及成立阿联酋国家人力资源开发与就业管理局等机构努力提升公民就业技能和竞争力。阿联酋政府希望通过针对性的激励和惩罚措施创造公平的就业环境,确保进入就业市场的阿联酋公民拥有与外籍劳工竞争的能力。

在教育领域,阿联酋向公民提供免费公立教育,因此该领域的预算拨款一直维持在很高的水平。政府部门和教育机构对国民教育的关注使得阿联酋成为阿拉伯世界中文盲率最低的国家,因此近年来其教育的重点已转为提升教育的质量和适应性。2008年,阿联酋教育部推出从幼儿园到高中的K-12教育系统,学校按照学生年龄划分为四种:包括幼儿园(4—5岁)、小学(6—11岁)、初中(12—14岁)和高中(15—17岁),其中,小学和初中的九年教育是强制性的。

在医疗卫生领域,随着人口的增长,阿联酋的医疗卫生部门发展迅速,数十亿迪拉姆被投资于改善医疗卫生条件,公立医院和诊所免费为所有阿联酋公民提供医疗服务。阿联酋的基础医疗设施由装备精良的医院、专科诊所和初级医疗卫生中心构成,其中,有大约70家医院(包括15家公立医院),还有超过150个初级医疗卫生中心和诊所。[1] 医疗保健机构受到联邦和酋长国层面的双重监管,根据2009年联邦第13号法律成立的阿联酋卫生局负责管理联邦和地方卫生部门以及政府和私营医疗机构之间的合作。阿联酋的孕产妇死亡率目前处于世界最低水平,其他指标如婴儿死亡率也与发达国家持平,充分说明政府在该领域已取得巨大进步。

在住房领域,阿联酋的住房援助项目有三种类型:第一种是为拥有土地的公民提供住房贷款和补助;第二种是为能够偿还债务的公民提供无息、长期贷款;第三种是为低收入公民提供免费住房。阿联酋政府于1999年出台了谢赫扎耶德住房项目,为低收入公民提供25年之内还清的无息住

---

[1] Jennifer Bell, "The State of the UAE's Health: 2016", Gulf News, January 24, 2016, http://gulfnews.com/gn-focus/special-reports/health/the-state-of-the-uae-s-health-2016-1.1658937. (上网时间:2018年1月21日)

房贷款。2013年上半年,该住房项目批准了417个阿联酋家庭的住房补助金和贷款,总价值达2.08亿迪拉姆。① 从2000年到2012年,有超过1.45万阿联酋公民获得新房。2013年4月,哈利法总统批准了价值8亿迪拉姆的住房开发项目,其中包括建造新房和改造现有住房。②

---

① "7,000 new home grants to be handed out to Emiratis throughout 2013", The National, March 12, 2013, https://www.thenational.ae/uae/7-000-new-home-grants-to-be-handed-out-to-emiratis-throughout-2013-1.339798. (上网时间:2018年1月21日)

② https://www.government.ae/ar-ae/information-and-services/housing/housing-authorities-and-programmes. الجهات والبرامج المعنية بالإسكان، البوابة الرسمية لحكومه دولة الإمارات العربية المتحدة (上网时间:2018年11月21日)

第七章　阿联酋的对外政策表现

在扎耶德总统时代，阿联酋奉行的对外政策主要是与海湾国家以及阿拉伯和伊斯兰世界的其他国家建立密切关系，在国际事务中采取中立政策，倾向于使用调解的方式解决地区争端。在巴以问题上，阿联酋坚定支持巴勒斯坦，给予巴勒斯坦政治和经济上的援助。阿联酋的对外政策在20世纪90年代末开始发生改变，其借助本国的相对优势和资本积累，充分利用地区和国际的开放环境，在发展对外关系时，于继续关注阿拉伯和伊斯兰问题的基础上，注重积极参与全球经济和国际治理，积累"软实力"和"硬实力"，并选择合适的经济领域开拓国际市场。阿联酋对外政策的变化是基于国内政治、经济和社会发展模式的转型，通过灵活的外交政策给国内发展创造有利的外部环境。"9·11"事件后，阿联酋与美国的关系迅速加深，阿美关系已成为阿联酋对外政策的基石。同时，阿联酋参与中东地区事务的积极性提高，在地区问题上支持世俗力量、打击宗教势力。此外，阿联酋的对外政策还注重发展与全球合作伙伴的经贸关系，以经贸关系促进外交关系的发展。

第一节　深化与美国的安全合作关系

1974年，阿联酋与美国建交。阿联酋与美国的军事关系源于1990年伊拉克占领科威特，这一事件不仅暴露了生存在动荡地区和强邻之间的小国在维护自身安全上的脆弱性，还显示出与域外盟友建立强大与多样化的国防和安全合作关系的重要性。1990年7月22日，伊拉克入侵科威特前，阿联酋为应对来自伊拉克的威胁，向美国申请军事援助。但美国方面担心展示武力会表明美国有意保护其在海湾地区的重要利益，因此只是象征性地给予阿联酋部分援助。美国部署了3艘为阿联酋空军提供补给的加油机，以保证阿联酋空军拦截袭击的空中力量。

阿联酋的军队参加了"沙漠风暴行动"的空中和地面作战，并成为1991年2月底科威特解放后第一批进入科威特的部队。1994年10月，由于伊拉克再次威胁科威特，陈兵于联合国划定的两国边界，阿联酋也派兵进入科威特。这次事件与1995年8月伊拉克进一步的军事行动，促使美国迅速建立起在科威特和整个海湾地区的海陆军事设施。[①] 1994年7月25日，阿联酋和美国安全关系在两国签署的一份防务合作协议中得到正式确认。该双边协议包括一系列军事协定，例如美国在阿布扎比迪哈夫拉空军基地驻军，允许美国在阿联酋的军事基地进行装备，在海湾水域巡逻的美国军舰可对杰贝阿里港进行军事访问。[②] 经过一段时间，驻扎在迪哈夫拉空军基地的美国士兵由2003年占领伊拉克前的800名上升到21世纪初的1800名，2014年达到大约3500名。同时，迪哈夫拉空军基地还是美国唯

[①] Peter Hellyer, "Evolution of UAE Foreign Policy", in Ibrahim al–Abed and Peter Hellyer (eds.), United Arab Emirates: A New Perspective, London: Trident Press, 2001, p. 169.

[②] Kenneth Katzman, "The United Arab Emirates (UAE): Issues for U. S. Policy", Washington, DC: Congressional Research Service Report for Congress, December 8, 2008, p. 4, https://fas.org/sgp/crs/mideast/RS21852.pdf. （上网时间：2018年1月23日）

——一个允许使用先进的 F-22 战机的海外基地。[①]

正如其他双边关系一样,阿联酋与美国的关系也经历了波折,例如反对美国在巴以问题上偏袒以色列的做法以及 20 世纪 90 年代阿联酋总统扎耶德反对美国对伊拉克进行制裁,但阿美关系总体是建立在密切合作的基础上的。阿联酋是过去 30 年里唯一一个全部参加美国主导的六次联合军事行动(即阿富汗、利比亚、索马里、波斯尼亚—科索沃、海湾战争以及对抗"伊斯兰国")的阿拉伯国家。[②]

"9·11"事件后,出于反恐的需要,阿联酋与美国的合作进一步密切。例如,"9·11"事件发生后,阿联酋政府迅速采取措施解决该事件凸显出的两名阿联酋籍劫机者的激进化以及通过迪拜的非法资金链问题,同时与美国政府和金融行动特别工作组在打击洗钱和非法资金转移方面进行积极合作。阿联酋政府还密切监管在迪拜和沙迦个体商人中较为普遍的"哈瓦拉"资金转移系统,阿联酋央行也与美国财政部建立了紧密的工作联系。上述针对"9·11"事件采取的措施还加强了阿联酋央行的权力,增强了联邦政府对各酋长国金融和商业的控制与监管。可以说,阿联酋已成为美国在中东地区反恐战略上的重要一环。

进入 21 世纪,担任阿联酋武装部队参谋长的阿布扎比王储穆罕默德·本·扎耶德·阿勒纳哈扬与担任国防部长的迪拜酋长穆罕默德·本·拉希德·阿勒马克图姆注重开展与西方的合作,阿联酋和美国之间的防御和安全关系持续加深。坐落在富查伊拉的迪拜环球港务集团的枢纽发展成美军在阿富汗军事行动的主要转运点。除此之外,阿联酋还是美军在阿富汗执

---

① Rajiv Chandrasekaran, "In the UAE, the United States has a Quiet, Potent Ally Nicknamed 'Little Sparta'", The Washington Post, November 9, 2014, https://www.washingtonpost.com/world/national-security/in-the-uae-the-united-states-has-a-quiet-potent-ally-nicknamed-little-sparta/2014/11/08/3fc6a50c-643a-11e4-836c-83bc4f26eb67_story.html. (上网时间:2018 年 1 月 23 日)

② "UAE-US Security Relationship", United Arab Emirates Embassy in the United States, https://www.uae-embassy.org/uae-us-relations/key-areas-bilateral-cooperation/uae-us-security-relationship. (上网时间:2018 年 1 月 23 日)

行远程侦察任务的高空飞机的主要空中侦察枢纽。阿联酋已成为美国在阿拉伯世界最重要的军事合作伙伴。21世纪初，阿联酋开启了一项重大的国防采购计划，该计划建立在与美国全面协调的基础上，涉及军事思想、武力构成和新武器系统联合开发等方面。尤其值得注意的是，阿联酋向与美国洛克希德·马丁公司F-16战机有关的研究项目投资了30亿美元。此举使得阿联酋成为在美国下一代国防技术设计中发挥重要作用的主要阿拉伯合作伙伴，其目的是使阿联酋几乎不受国防出口的限制。[1] 据海湾国家通讯报道，美国空军的下一代电子战和航空电子设备在很大程度上是使用阿联酋的资金研发设计的，并且在进入美国空军服役之前已经在阿联酋使用过一段时间了。[2]

2006年，美国国会强烈反对迪拜环球港务集团拟在美国收购港口业务的提议。受"9·11"事件的影响，政治家们认为迪拜与恐怖组织有联系。但政治家的反对被一大批现役和退役的高级指挥官以最有力的措辞反驳了，他们认为阿联酋是美国在中东忠实的合作伙伴。虽然这并不能改变迪拜环球港务集团事件对迪拜和阿联酋声誉的影响，但阿联酋长期积累的与美国在防御和安全方面关系的价值在这一事件中得到清晰体现。阿联酋和美国之间广泛的军事合作确保两国关系在2006年之后继续在深度和广度上保持发展。迪拜的杰贝阿里港已经成为美国海军在海外使用最频繁的港口，另有4000名美军常驻阿布扎比迪哈夫拉空军基地。[3] 自2014年起，美国海军陆战队与阿联酋总统卫队签订了一份价值1.5亿美元的培训合同。阿联酋总统卫队是2010年成立的精英军事部队，美国海军陆战队为其提供

---

[1] "UAE Moves to Stay on Top of Future Military Challenges", Gulf States Newsletter, Vol. 28, No. 728, February 20, 2004.

[2] "Ironically, DP World Debate Cements UAE's Military Bond with USA", Gulf States Newsletter, Vol. 30, No. 778, March 24, 2006, p. 16.

[3] "A Positive Agenda for the Middle East – Remarks by Ambassador Yousef Al Otaiba", United Arab Emirates Embassy in the United States, January 29, 2016, https://www.uae-embassy.org/news-media/positive-agenda-middle-east--remarks-ambassador-yousef-al-otaiba. （上网时间：2018年1月23日）

反恐、反海盗、关键基础设施保护和国防方面的训练，与美国军队在阿富汗等地并肩作战。①

第二节　奉行主动务实的周边外交政策

在过去的数十年里，阿联酋在海湾及中东地区安全构建中不再只是充当观察者的角色，而是成为主要的参与者。但不同于沙特和伊朗，阿联酋对宗教地缘政治兴趣不大，无论是在国内还是国外问题的政策制定上，阿联酋都坚定地支持世俗化，将伊斯兰教和政治严格剥离。如上文所述，阿联酋不能容忍伊斯兰势力试图干预政治的行为，因此阿联酋对伊斯兰主义者持非常警惕的态度，积极打击诸如穆斯林兄弟会一类的跨国伊斯兰组织。这一态度也直接影响到阿联酋与周边国家的关系。但经历了与卡塔尔断交、出兵也门等事件后，阿联酋的对外安全战略并未达到预期效果。因此，2018年以来阿联酋的对外政策趋于务实，对外用兵和经济援助更加节制，重新回归冷静与温和，恢复了通过外交手段解决争端的传统。②

一、与卡塔尔的断交危机

中东剧变发生后，阿联酋和卡塔尔都对革命持支持态度，并出兵介入西方联军推翻利比亚卡扎菲政权的军事行动。但阿联酋和卡塔尔很快产生分歧，卡塔尔为利比亚国内革命的伊斯兰主义者提供资金、训练、军事物资和政治支持，而阿联酋则支持强烈反对伊斯兰主义的世俗派民族主义运

---

① "UAE – Blanket Order Training", Defense Security Cooperation Agency, Washington, DC, January 8, 2014, https://www.dsca.mil/press-media/major-arms-sales/united-arab-emirates-uae-blanket-order-training.（上网时间：2018年1月23日）

② 孙德刚、喻珍：《从威胁平衡到多元平衡："新中东"视野下阿联酋的对冲战略》，《西亚非洲》2021年第2期，第84页。

—132—

动。阿联酋和卡塔尔的分歧还体现在埃及问题上。中东剧变发生后，阿联酋和沙特对穆斯林兄弟会的迅速崛起感到不安和震惊。2013年7月埃及政变后，拥有穆斯林兄弟会背景的总统穆罕默德·穆尔西下台，巴林、科威特、沙特和阿联酋都强烈支持反对伊斯兰主义的军方领袖、新任埃及总统塞西，而卡塔尔半岛电视台则尖锐地批评了塞西政府。阿联酋与卡塔尔之间的低水平冲突持续了几年，直到2014年3月5日，阿联酋联合沙特和巴林以召回大使等方式向卡塔尔施压，要求卡塔尔中断对穆兄会的支持。[①] 虽然在"伊斯兰国"恐怖组织对中东国家共同的外部威胁下，该事件以卡塔尔与上述国家签订协议，明确不支持穆兄会及也门的反政府武装而告终，但海合会内部的分裂已无可避免地公开化，阿联酋与沙特逐渐成为海合会的轴心，上述国家与卡塔尔的矛盾并未得到根本性解决。最终，2017年6月5日，阿联酋、沙特、巴林等国指责卡塔尔与伊朗保持良好关系，支持恐怖主义组织并介入其他国家内政，爆发了在同一天宣布与卡塔尔断交的重大危机。

关于这场断交风波的根源，有学者认为阿联酋是断交危机的隐形操盘手，卡塔尔在政治领域支持穆兄会势力，触犯了阿联酋严防政治伊斯兰的底线，而在经济领域复制迪拜发展模式，与阿联酋构成竞争关系，是这场断交危机的主要成因。[②] 断交危机虽然使卡塔尔经济在短期内面临一定压力，但是卡塔尔迅速调整政策应对危机，长期来看，断交对卡塔尔国民经济造成的影响有限。一方面，卡塔尔将2018年国家预算集中用于发展当地

---

① 王琼：《海湾国家合作委员会将何去何从？——探析卡塔尔断交风波对其影响》，《当代世界》2017年第10期，第63页。
② 丁隆：《阿联酋：搅动海湾的"小斯巴达"》，《世界知识》2017年16期，第60—62页。

工业和私营企业,① 制定"2018—2022 年国家发展计划",② 旨在实现自给自足,长期应对沙特等国的联合封锁。另一方面,卡塔尔积极加大与美国、土耳其、伊朗等国的合作,接受来自土耳其、伊朗等国的物资,寻求建立新的联盟关系。同时,卡塔尔不甘示弱,于 2018 年 6 月向联合国国际法院提起诉讼,指控阿联酋驱逐数千名在阿拥有家庭或财产的卡塔尔公民并对卡塔尔关闭领空和港口的行为违反了国际法。最终,联合国最高法院做出裁决,判定阿联酋封锁卡塔尔采取的部分措施等同于种族歧视。③ 因此,断交危机并没有取得预期效果,反而帮助卡塔尔赢得了国际舆论的同情。

在此形势下,阿联酋的态度由开始的强硬转为软化,开始与卡塔尔进行试探性接触,释放改善关系的信号。2021 年 1 月,第 41 届海合会首脑会议在沙特西部城市欧拉举行,沙特阿拉伯外交大臣费萨尔会后表示,沙特、巴林、阿联酋和埃及已与卡塔尔恢复全面外交关系,此举翻开了促进地区安全与稳定的"新篇章"。④

二、在也门的军事行动

自 2015 年春起,阿联酋频繁介入地区冲突,加入沙特领导的干预也门行动,支持也门新任总统哈迪,旨在阻止与伊朗关系暧昧的胡塞武装在也

---

① "Qatar Says 2018 Budget Will Focus on Resisting Economic Boycott", The Business Times, December 5, 2017, https://www.businesstimes.com.sg/government-economy/qatar-says-2018-budget-will-focus-on-resisting-economic-boycott. (上网时间:2018 年 12 月 30 日)
② "Qatar Launches New Five-year Development Plan in Face of Blockade", Aljazeera, March 15, 2018, https://www.aljazeera.com/news/2018/03/qatar-launches-year-development-plan-face-blockade-180315080221398.html. (上网时间:2018 年 12 月 30 日)
③ "Qatar-Gulf Crisis: All the Latest Updates", Aljazeera, August 2, 2018, https://www.aljazeera.com/news/2017/06/qatar-diplomatic-crisis-latest-updates-170605105550769.html. (上网时间:2018 年 12 月 30 日)
④ 《沙特等国与卡塔尔恢复全面外交关系》,新华网,2021 年 1 月 6 日,http://www.xinhuanet.com/world/2021-01/06/c_1126949889.htm。(上网时间:2021 年 12 月 17 日)

门发展壮大。从祖孙三代胡塞家族领导人的宗教背景看，他们均在伊朗库姆神学院学习深造过，反对瓦哈比教义和萨拉菲主义，主张在也门建立由伊玛目领导的伊斯兰国家，以什叶派宰德分支教理教法统一也门。① 这与伊朗的意图相合，胡塞武装无疑是伊朗扩大"什叶派新月地带"的潜在盟友。因此，阿联酋在也门的军事行动可以被看作对支持世俗力量、打击宗教势力政策的贯彻执行。

进入 2018 年以来，也门战事仍看不到尽头，阿联酋与沙特的同盟关系反而出现裂痕。据《华盛顿邮报》报道，2018 年 2 月，也门南方分离主义武装与忠于被推翻的哈迪总统的部队开战，并短暂占领了也门南部重要城市亚丁。② 此前双方都属于沙特和阿联酋领导的同盟，一直共同打击伊朗支持的胡塞武装，目的是重推哈迪上台。而沙特是亲哈迪军队的主要支持者，阿联酋则支持南部分离主义武装。此次冲突凸显了阿联酋和沙特在也门战略目标上的矛盾，阿联酋致力于在也门南部拓展势力，试图通过控制亚丁港进而达到掌控附近重要航道的战略目标。此外，沙特与在也门势力强大的革新党关系紧密，革新党有穆兄会背景，是阿联酋坚决抵制的对象。在此背景下，阿联酋迅速调整思路，于 2019 年 10 月宣布从也门撤军，撤回驻扎在也门亚丁省的部队，因为阿联酋武装部队已实现"解放该地区"的目标，维护也门亚丁省安全的责任现已移交给也门和沙特在当地的部队。③

---

① 董漫远：《也门变局及其影响研究》，《阿拉伯世界研究》2011 年第 6 期，第 14 页。
② "Yemen's War Is so Out of Control, Allies Are Turning on One Another", The Washington Post, February 3, 2018, https：//www.washingtonpost.com/world/yemens – war – is – so – out – of – control – that – allies – are – turning – on – one – another/2018/02/03/50d26426 – 05fe – 11e8 – aa61 – f3391373867e_story.html? noredirect = on&utm_term = .3e3afe2138cb。（上网时间：2018 年 12 月 30 日）
③《阿联酋宣布已从也门亚丁撤出部队》，人民网，2019 年 10 月 31 日，http：//world.people.com.cn/n1/2019/1031/c1002 – 31431116.html。（上网时间：2020 年 3 月 7 日）

三、与以色列建交

在巴以问题上，阿联酋对世俗力量的支持及对政治伊斯兰势力的打击亦表现明显。一方面，长期以来，阿联酋与法塔赫加沙分支的前任领导人穆罕默德·达赫兰（Mohammed Dahlan）保持联系，法塔赫是世俗的巴勒斯坦政党，而达赫兰则以反伊斯兰的立场著称。因为主张与以色列进行合作，达赫兰在巴勒斯坦内部权力斗争中失败，但达赫兰的政治立场深深吸引了阿联酋。通过达赫兰等亲以巴勒斯坦前高官从中穿针引线，阿联酋开始越过巴方，直接与以方接触，旨在抛弃巴勒斯坦，建立"没有巴勒斯坦问题"的阿以关系和阿美关系。[1]

另一方面，近年来阿联酋将伊朗视为头号敌人，出于自身战略安全的考量，阿联酋一直在积极改善与以色列的关系。2015年11月，以色列政府宣布将向总部位于阿联酋的国际可再生能源署派驻外交代表，代表处设立在阿布扎比。[2] 虽然阿联酋外交部声明称以色列的代表机构只从事与国际可再生能源署有关的事务，阿联酋与以色列之间的关系不会有所改变，但以色列在阿布扎比设立官方代表处的举动仍被视为两国关系"走近"的一步，会对以色列改善与逊尼派阿拉伯国家的关系起到潜移默化的作用。作为中东地区经济、科技最为发达的国家，以色列可以为阿联酋知识经济转型战略提供实在的帮助。因此，出于维护本国利益的需求，阿联酋和以色列于2020年8月13日正式建交。

---

[1] 丁隆：《阿以建交开启中东地缘政治新变局》，《人民论坛》2020年第29期，第117页。
[2] 《以色列将在阿联酋设立外交机构》，人民网，2015年11月29日，http://world.people.com.cn/n/2015/1129/c1002-27868095.html。（上网时间：2020年3月7日）

四、加大对东非的投入

2010年后,阿联酋对东非地区的兴趣显著增强,不仅提升了援助力度和贸易关系,还与有关国家就包括索马里青年党在内的伊斯兰极端组织对地区稳定的威胁达成共识。从2011年的9.58亿迪拉姆到2013年的181亿迪拉姆,阿联酋对东非的援助增长近20倍。在2013年阿联酋的对外援助资金中,非洲国家占了84%。[1] 阿联酋外交部长阿卜杜拉·本·扎耶德·阿勒纳哈扬于2015年6月访问乌干达、肯尼亚和索马里,将这三个国家确定为阿联酋投资者的主要目标,并宣布计划大幅提升阿联酋在整个非洲的外交水平。阿联酋的主要企业已经在东非建立区域中心,旨在利用当地丰富的人力资源,并从能源、金融、物流、基础设施等领域开发当地的经济潜力。迪拜商业与工业协会2012年在埃塞俄比亚开设贸易办公室后,一年内阿联酋和埃塞俄比亚的双边贸易增长100个百分点。在乌干达,阿联酋的公司参与维多利亚湖的旅游开发,在乡村地区修建机场,修建通到肯尼亚蒙巴萨的石油管道。[2] 阿联酋对索马里的援助则体现在帮助索马里维护稳定上,阿联酋在索马里摩加迪沙建立军事训练中心,培训足以应对索马里青年党等极端组织威胁的军事力量索马里旅,通过提供装甲车保护政府官员、为警察提供装备等措施为索马里政府机构提供支持。[3]

---

[1] "UAE Scales Up Foreign Policy Role in East Africa", Oxford Analytica, July 7, 2015, https://dailybrief.oxan.com/Analysis/DB200794/UAE-scales-up-foreign-policy-role-in-East-Africa. (上网时间:2020年3月7日)

[2] Theodore Karasik, "UAE People & Politics: Nodal Policy in East Africa", The National, June 18, 2015, https://www.thenational.ae/uae/government/uae-people-politics-nodal-policy-in-east-africa-1.96006. (上网时间:2020年3月7日)

[3] "UAE-Funded Somali Military Center Opens", The National, May 13, 2015, https://www.thenational.ae/uae/government/uae-funded-somali-military-centre-opens-1.135075. (上网时间:2020年3月7日)

第三节 加强与欧亚国家的经贸能源合作

近年来,阿联酋注重发展与东亚和太平洋地区的合作伙伴关系,合作领域较为多元化。这一方面是出于平衡美国的考量,另一方面是因为亚太国家的广阔市场能满足阿联酋发展本国经济的需要。在发展对外关系时,阿联酋注重将经济联系与政治关系相结合,因此随着阿联酋与亚洲以及世界各地新合作伙伴之间贸易关系的不断加强,政治外交关系也逐渐稳固。

随着21世纪亚洲经济的繁荣,阿联酋将燃料和非石油贸易转移到东方,中国、印度、日本是阿联酋的重要贸易合作伙伴。2019年,中国是阿联酋非石油贸易的第一大合作伙伴,印度排在第二位,日本排在第七位。中印两国分别在阿联酋对外非石油贸易中占比11.5%和9.5%。[1] 同时,中印两国还是阿联酋在全球进口最多的战略伙伴,日本位居第四。其中,阿联酋2019年从中国累计进口额度为1498亿迪拉姆,占比16.4%,年均增长率为7.3%。

阿联酋是中国向地区市场出口的重要门户,每年的交易额为700亿美元。[2] 20世纪七八十年代,迪拜在基础设施方面的巨大投资,使其成为了卓越的区域贸易和再出口中心。2014年的数据显示,大约有70%的中国出口产品先通过海路运输到迪拜,在迪拜完成卸货以满足阿联酋和中东本地市场的需求,或者继续转运至欧洲或非洲。[3] 2004年,迪拜纳西尔集团与中国中东贸易投资促进中心合作建立迪拜龙城,吸引了很多中国企业和商

---

[1] The UAE Ministry of Economy, "The Annual Economic Report 2020 (20th Edition)", p. 40.
[2] Gillian Sarah Duncan, "Banking on China's Global Ambitions", Gulf News, March 5, 2018, http://gulfnews.com/business/sectors/banking/banking-on-china-s-global-ambitions-1.2156472. (上网时间:2020年3月10日)
[3] Jacqueline Armijo, "DragonMart: The Mega-Souk of Today's Silk Road", Middle East Report, No. 270, Spring 2014, p. 30.

家进驻，在当地形成一个大型的商品和国际贸易平台。由于迪拜龙城等合作项目的成功，在迪拜居住的中国居民人数从2004年的1万人猛增至2014年的30万人。同时，超过4200家中国公司在阿联酋注册。[1] 1993年，中国成为第一批与阿联酋签订双边投资协定的国家之一。同年，中国开始从阿联酋进口原油。21世纪初，阿联酋在海合会国家中成为中国的第二大石油进口国，同时中国取代日本成为阿联酋第二大石油出口国。阿联酋与中国在能源领域、基础设施建设等方面有共同利益，因此阿联酋不顾美国的明确反对，加入中国发起的亚洲基础设施投资银行，阿联酋不仅是创始成员国，还是亚投行地区总部所在地。

进入21世纪第二个十年，阿联酋与中国的合作方面进一步多样化，除了传统的能源与基础设施建设领域，还确定了新的三大领域：联合投资、绿色环保和货币合作。在联合投资领域，2015年12月两国共同建立阿联酋—中国联合投资合作基金，双方各注资50亿美元，由阿布扎比穆巴达拉发展公司、中国国家开发银行以及中国国家外汇管理局共同管理，旨在对高端制造业和可再生能源技术等领域进行投资。[2] 绿色环保方面，太阳能将是双方未来研究的主要合作领域，阿方已与中国有关企业和大学就开展该领域合作签订协议。货币合作方面，在中国推动人民币国际化的背景下，阿联酋在维持阿联酋迪拉姆与美元的传统联系的现有政策基础上，希望重新平衡并使其全球贸易前景更加兼容，因此阿联酋致力于与中国发展更紧密的货币合作。2012年1月，阿联酋和中国首次签署双边货币互换协议，最高可达350亿元人民币。[3] 这一数目虽然相对较小，但这还是海湾

---

[1] Jacqueline Armijo, "DragonMart: The Mega – Souk of Today's Silk Road", Middle East Report, No. 270, Spring 2014, p.30.

[2] 《阿联酋—中国启动100亿美元投资基金》，中华人民共和国商务部网站，2015年12月15日，http://www.mofcom.gov.cn/article/i/jyjl/k/201512/20151201211028.shtml。（上网时间：2020年3月10日）

[3] 《中阿两国央行签署双边本币互换协议》，中国人民银行网站，2012年1月17日，http://www.pbc.gov.cn/huobizhengceersi/214481/214583/214485/2886625/index.html。（上网时间：2020年3月10日）

国家第一次签订此类协议。

近年来,由于俄罗斯直接投资基金向阿联酋寻求投资,俄罗斯与阿联酋在看待伊斯兰极端组织威胁上看法一致,加之阿联酋长期购买俄罗斯武器等原因,阿联酋与俄罗斯的关系越来越密切。2010年11月,阿布扎比穆巴达拉发展公司宣布对俄罗斯对冲基金威尔诺资本进行1亿美元投资,这是海湾地区首次向俄罗斯进行主权财富投资。① 2013年,阿联酋将向俄罗斯投资最高达50亿美元的基础设施项目,该笔投资由俄罗斯直接投资基金和阿布扎比财政部门达成,是阿联酋对俄罗斯投资最高的项目。② 在人文交流领域,每年有大量的俄罗斯游客赴迪拜旅游。2016年,据迪拜的俄罗斯商业委员会估计,大约有10万俄罗斯人住在迪拜。③ 2019年10月,俄罗斯总统普京对阿联酋进行国事访问,两国签署了价值13亿美元的协议,涉及能源、贸易和投资等领域,阿布扎比王储穆罕默德表示,"这一历史性的访问反映了阿联酋和俄罗斯关系的强度,我们将继续在各个层面共同促进我们两国的共同利益"。④

---

① "Abu Dhabi to Invest ＄100m", The Moscow Times, December 1, 2010, https://themoscowtimes.com/articles/abu–dhabi–to–invest–100m–3399. (上网时间:2020年3月10日)
② "Abu Dhabi to Invest Record ＄5bn in Russian Infrastructure", RT News, September 12, 2013, https://www.rt.com/business/emirates–russia–fund–investment–757/. (上网时间:2020年3月10日)
③ "A Common Wealth: Building Gulf–CIS Ties", Economist Intelligence Unit Report, February 2016, p.14, https://perspectives.eiu.com//sites/default/files/ACommonWealthBuildingGulfCISties.pdf. (上网时间:2020年3月10日)
④ "Russian President Vladimir Putin's Visit to UAE Seals Big Deals", The Khaleej Times, Oct. 15, 2019, https://www.khaleejtimes.com/uae/russian–president–vladimir–putins–visit–to–uae–seals–big–deals. (上网时间:2020年3月10日)

结论与思考

阿联酋自建国至今已走过 50 多年历程，从海湾地区的部落联盟发展成一个现代意义上的民族国家，并在经济上取得令人瞩目的成就，其原因就在于阿联酋采取适合本国国情和文化的发展模式。阿联酋副总统兼总理、迪拜酋长穆罕默德曾经提到："阿联酋的成功为人类发展、建设可持续和多样化的经济，以及确保社会所有成员幸福创造了独特的模式。"[1] 从中我们可以总结出两个关键词：经济和民生。地租型经济给予阿联酋政府很大的便利，使政府可以为公民提供充分的社会福利来换取公民对政权的宽容与支持，同时为政府赢得提高决策和执政能力的时间。与沙特等地租型经济的海湾国家不同，阿联酋具有较大的先天性优势，相比数量巨大的外来劳工，其本国公民人数更少，再加上石油资源相对丰富，石油租金可以以工作的形式为绝大多数公民提供薪金，因此人民生活水平较高。阿联酋政府也更有能力注重对民生的投入。阿联酋战略研究中心的研究指出，"阿联酋的统治者对其公民给予极大的关注，而公民又在他们的日常生活中感受到这些……这加深了他们对统治者的忠诚，并产生了一种对为他们提供

---

[1] Emirates News Agency, "UAE a Model for Human Development", khaleej Times, March 11, 2017, https://www.khaleejtimes.com/business/economy/uae-a-model-for-human-development. （上网时间：2018 年 2 月 10 日）

福利和体面生活的祖国的归属感"。①

本书通过阿联酋政治体系发挥的各项功能全面考察了阿联酋的发展模式，现在可以回答本书开始提出的问题了，即阿联酋的发展模式究竟是什么？在政治发展模式层面，建国后的阿联酋选择了世俗化的发展道路，建立了能够包容传统特色与现代性的政治制度，公民的国家认同意识逐步提升，对政府的认可度较高。在经济转型模式层面，石油带来的大量财富为阿联酋提供了经济多元化的保障资金，最早启动经济多元化战略让阿联酋占得先机，在制造业、基础设施建设、金融服务、航空运输、旅游等领域取得的发展使阿联酋逐步摆脱石油经济，实现可持续发展。在社会发展模式层面，政府依靠石油收入建立起全面的社会福利保障体系，面对大量外来人口，阿联酋政府在各个族群中倡导包容、共存的价值观，消除不同文化之间的分歧，从而实现各民族的和平共处。而阿联酋在军事安全、经济贸易领域的对外政策则是服务于国内的发展模式，为国内发展创造有利条件。

针对当今的阿联酋社会，诸如废除统治家族或联邦制度的激进变革已不能得到国民的拥护，更多人的诉求是希望增加现有政治体系的透明度，以及期待一个更负责任的政府。人们更适应其他海湾邻国进行的那种循序渐进的政治改革，而不是必须通过投票、呐喊或是战斗的方式进行的变革。

一、阿联酋发展模式的特点

（一）传统与现代的双重性

阿联酋从表面看来是由阿布扎比和迪拜两个酋长国主导的联邦制国

---

① "UAE is Model of Political Stability: Think-Tank", Emirates 24/7, September 7, 2011, https://www.emirates247.com/business/uae-is-model-of-political-stability-think-tank-2011-09-07-1.417092. （上网时间：2018年2月10日）

家，政府也建立起行政、立法、司法三权分立的现代化管理体系，但其内在的实质是绝对的君主世袭制。因此可以说，阿联酋的政治体系是一种混合的、新世袭制的政治体系。

在联邦层面，阿联酋的最高权力机构是联邦最高委员会，由七个酋长国的酋长组成。虽然宪法规定联邦总统每5年选举一次，但直到2004年开国总统、阿布扎比酋长扎耶德去世才进行了阿联酋历史上第一次总统换届，由其长子哈利法继任联邦总统和阿布扎比酋长。联邦副总统和总理则一直由迪拜的统治家族担任。负责联邦政府政策制定的是内阁，其构成反映了各酋长国的相对实力和影响力。联邦国民议会是由来自各酋长国的成员按特定席位构成的咨询性机构，近年来阿联酋的政治改革主要围绕这一机构展开。自2006年起，阿联酋开放联邦国民议会40个席位中的半数进行选举。此外，改革还涉及扩大联邦国民议会的权力。联邦国民议会何时才能成为名副其实的立法机构也成为目前阿联酋政治改革中各方关注的重点。

在地方层面，各酋长国的政治结构是联邦政治结构的缩影，例如阿布扎比建有执行委员会和咨询委员会。但酋长国的政府更像酋长和王储的私人办公室与法庭，他们拥有自己的职员和管家，这些机构的负责人具有较高的社会地位，因为他们充当了最高权力和普通公民之间的媒介。在阿布扎比的东部和西部地区，至今仍然存在酋长代表，他们拥有自己的私人办公室和法庭。尽管现在酋长做出单方面决定仍然具有可能性，但大部分法律是由各酋长国的执行委员会制定的，然后提交给酋长批准成为正式法律。

虽然阿联酋的政治结构趋于传统，但阿联酋公民对各种形式的数字化政府具有浓厚的兴趣，网站和互联网论坛为政府官员乃至酋长们提供了与公民保持某种直接联系的机会。在这方面，迪拜走在前列，其拥有大量允许人们反映问题并提出批评的政府门户网站，酋长本人也拥有互动网站和脸书账户。阿布扎比也迎头赶上，负责电子政府项目的发言人表示，阿布扎比将采用最高的标准，旨在将阿布扎比政府打造成世界范围内的优质政府之一。

（二）地租型国家的属性

近年来阿联酋的政治改革进程远不如其他阿拉伯君主制国家那样顺畅，但阿联酋的君主制能长期稳定存在的原因之一是，在地租型国家中，统治家族与公民之间存在全方位的政治交易。统治者依靠石油租金建立起综合的社会福利体系，以提供高福利换取公民放弃部分政治权利。这种君主式的社会契约使得阿联酋的统治家族可以用一揽子经济利益和合法资源换取公民的政治默许。相比沙特等海湾国家，阿联酋由于国民人口数量更少，这种社会契约也就更加强大。阿联酋政府能够更容易地分配财富，从而保证由食租者组成的国民精英阶层的高质量生活。多年来，占人口大多数的、在阿联酋工作的外籍人士一直被排除在政治体系之外，他们来到阿联酋是为了赚取更高的工资，而且在大多数情况下，他们对政治参与毫无兴趣。相对较小的国民精英阶层也使得阿联酋的统治家族能够利用表面看来现代化的政府机构对传统的以部落为基础的社会网络进行有效管理。

此外，地租型国家的属性对阿联酋政治发展的影响还体现在促进阿联酋政治社会化发展程度上。虽然按照传统观点，地租型国家通过提供公共产品和社会服务来换取民众的政治支持，拥有富足生活的民众参与政治的积极性通常会降低。但是一个国家的食租性质并不一定会使公民对政治毫无兴趣，因为从长远来看，阿联酋公民拥有较多接触新的政治社会化媒介的机会。而且随着生活水平的显著提升，阿联酋公民的生活方式发生巨大改变，多元化的教育与大众传媒取代家庭，成为最重要的政治社会化方式。相比生活水平不高的大部分阿拉伯国家，地租型国家有助于重塑传统的政治社会化媒介，从而促进公民对新的政治社会化方式的探索，间接地帮助公众增强政治意识。

（三）中央与地方的二元制

七个酋长国的统治者通过推进各酋长国的经济发展来保持阿联酋公民的忠诚，受阿布扎比石油财富支持的联邦财政为建立统一的民族国家提供了可行性。然而，自阿联酋成立之初，围绕联邦政府与地方酋长国权力划分的争议就没有平息过。除国防和外交归联邦政府协调负责外，各酋长国保留相当的自主权。与较小的酋长国相比，迪拜在建国前就已经建立较为完善的基础设施和政府管理体系，经济也较为发达，因此对联邦财政的依赖较小，主张争取更大的自治权。这种争议在20世纪70年代达到顶峰，并导致为期3年的"宪法危机"。按照规定，各酋长国都应根据各自的经济规模在联邦预算中负担相应比例，联邦财政由各国分别提出其财政收入的1/7组成。① 但各酋长国为了少承担一些联邦财政，隐藏实际收入的事时有发生。

阿联酋政治体系的特殊性，很大程度上取决于中央集权的联邦政府与拥有自治权的地方酋长国之间的关系。得益于阿布扎比的石油资源，每个酋长国都希望从整个国家的现代化中受益，受过教育的政治精英曾经认为，各酋长国政治依赖的部落基础是不合时宜的，会随着时间的推移逐渐消失。但是事与愿违，阿联酋建国后的政治实践表明，在阿联酋的国内政治中，地方酋长国的自治权是一个非常重要的问题。一方面，各酋长国的酋长希望借助阿布扎比的石油财富发展本国经济；另一方面，他们担心人们将效忠对象转移到拥有更多可以满足人们期望的财富的新施主身上。此外，部落对抗等历史原因导致各酋长国之间缺乏信任，地方统治者越来越不愿放弃权力去支持中央联邦政府。弗兰克·哈德贝认为，阿联酋的政治生活依赖于地方酋长国与中央政权之间的"推拉式"关系。②

石油资源的开发使得阿联酋各酋长国之间的贫富差距开始出现，而在建国后的50多年里，这种发展的不平衡现象并没有减少，反而有所增加。2013年，阿布扎比和迪拜占阿联酋经济产出的90%，沙迦占5%，也就是

---

① 仝菲：《阿拉伯联合酋长国现代化进程研究》，西北大学博士学位论文，2010年，第143页。
② Frauke Heard-Bey, "The United Arab Emirates: Transition in a Federal State", Occasional Paper 20, London: Centre for Near and Middle Eastern Studies, School for Oriental and African Studies, 2001.

说，其他几个较小的酋长国一共只占5%。① 而正是在这些社会经济差异明显的地区，像穆斯林兄弟会这样宣传伊斯兰民主的组织才能蓬勃发展。因此，中东剧变发生后，阿联酋政府担心动荡会蔓延到阿联酋，一方面大力限制国内的伊斯兰组织；另一方面，阿布扎比加大了对较小酋长国的投入力度，包括各种援助计划、投资、住房贷款、增加军队养老金和价值数十亿美元的食品补贴等。采取这些举措的主要目的都是帮助北部酋长国应对可能使政治伊斯兰化得以传播的财政压力。

虽然随着阿联酋建国的时间越来越长，依赖于阿布扎比对联邦财政的稳定投入，阿联酋作为一个统一国家的概念深入人心，但中央与地方的关系仍然在阿联酋国内政治中扮演重要角色。近年来，在阿布扎比主导强硬的外交政策的指导下，阿联酋频频参与地区军事行动，政府为此投入大量财力，已经引发北方较小酋长国的不满。受国际油价波动的影响，如果未来阿布扎比的收入有所下降，对北方较小酋长国投入减少，可能会引发一定程度的国内政治危机。

（四）企业集团式的政治权力结构

大部分海湾国家在人均收入水平上属于既不算最富裕又不算贫穷的中等水平，如沙特、阿曼和巴林。这些国家有长期接收大量外国移民的传统，私营企业也更希望雇用外国人工作。在这些国家中，虽然有很多公民在国有部门工作，但也有一些公民只能在私营企业就业。因此，这些国家的阶级政治通常围绕着私营企业雇用外国人的意愿和本国公民中工人阶级就业需求之间的平衡展开。而阿联酋这种最富有的地租型国家不需要资本主义民主通常依赖的那种资本家和工人之间的阶级妥协，统治家族形成以企业集团为主导的政治权力结构，统治家族是最主要的股东，每个公民都是集团的一员，他们虽然不能影响最终决策，但可以参与政策制定的准备

---

① David Taylor – Evans, Daniel Coyne, "United Arab Emirates Yearbook 2013", Dubai: Elite Media, 2013, p. 55.

阶段。在阿联酋,统治家族与国家之间的界限非常模糊,统治家族建立起反映其利益的集权政府,政府的决策虽然直接有效,但缺乏来自议会和法院等部门的监督。

近年来,为实现经济转型和多样化,阿联酋政府大量引入外资和外国劳动力,发展私营经济。但是,随着政治改革中民主化方面尝试的增多,诸如联邦国民议会的公民参政机构权力提升,议会不会采取必要的措施来吸引外国企业和外国工人,也不会容忍公民在地理、政治和经济上被边缘化,更不会容忍统治家族的商业利益与国家之间的界线模糊。而失去外国资本和外国劳动力,经济转型和多元化就无从谈起,国家只能依靠石油经济。因此在现阶段的阿联酋,经济多样性与政治参与度是相互矛盾的关系。这也是有些海湾国家,如科威特,在民主化上进步得很快,但在经济转型上进展很慢的原因。

二、阿联酋发展模式的影响因素

(一) 政权的稳定性

亨廷顿在研究发展中国家的政治发展问题时,给予政治稳定以极大关注。他认为,对广大发展中国家来说,首要的问题不是自由,而是建立一个合法的公共秩序。人当然可以有秩序而无自由,但不能有自由而无秩序。[1] 阿联酋在建国短短 50 多年的时间里取得的显著成就与政治稳定有着密不可分的关系。阿联酋在建国之初就依靠石油租金建立起统治者与公民的社会契约,公民享受高福利、高质量的生活,对比周围大量的外国劳工,建立起较强的民族自豪感和国家认同意识,公民对政治参与的要求较低,国内外不存在大规模的政治反对运动,社会矛盾较小。进入 21 世纪,

---

[1] [美]塞缪尔·P. 亨廷顿著,王冠华等译:《变化社会中的政治秩序》,上海人民出版社 2017 年版,第 6 页。

阿联酋进行的政治改革虽然因速度缓慢而受到国内自由主义者的批评，但却避免在西方倡导的民主呼声下，盲目地扩大政治参与，从而导致完善政治制度化的速度跟不上民众政治参与水平扩大的政治不稳定局面的出现。更为重要的是，统治者不仅能将现代化过程中产生的新的政治力量整合进国家政治进程中，还注重拉拢在现代化过程中获得政治意识的传统社会团体。例如，20世纪50年代迪拜的商人阶层曾发起提高政治参与度的政治运动，建国后统治者将社会服务项目及重要的国家开发项目委托给商人，从而在新的社会政治环境中赋予商人新的角色。同时，统治者通过联姻、分配政府职位等方式，继续获得部落势力的效忠。

依靠大量的石油财富和对联邦财政的巨大投入，阿布扎比在联邦中获得决定性地位，因此阿布扎比酋长担任联邦总统成为毫无争议的事实。2004年扎耶德总统去世后，阿布扎比王储哈利法继位，国家权力实现平稳过渡。不久后，哈利法总统因健康原因而长期消失在公众视野中，阿布扎比的实权人物、王储穆罕默德·本·扎耶德继续在联邦事务中发挥重要作用。例如最近一次组阁虽然是由联邦副总统兼总理、迪拜酋长穆罕默德·本·拉希德主导的，但官方声明中提到这些安排都征求了穆罕默德·本·扎耶德的意见并得到他的赞同。这说明穆罕默德王储已经正式成为联邦政治决策的核心人物，已经成为阿联酋事实上的总统。此外，穆罕默德王储之子哈利德·本·穆罕默德·阿勒纳哈扬（Khalid bin Mohammed Al Nahyan）成为国家安全部门的负责人，在国家权力向"巴尼·法蒂玛"系转移的大趋势下，未来阿联酋政局中权力平稳过渡的可能性较大。

（二）政权的合法性

中东剧变后，很多共和制的阿拉伯国家政权垮台或面临严重危机，而大部分君主制的阿拉伯国家却能够平稳过关，主要原因有三方面，首先，长期执政的世俗领导人陷入合法性危机，而传统的君主制合法性基础却仍然存在。阿联酋政府的合法性首先来源于世袭制和伊斯兰教意识形态等传统因素。海湾地区特有的部落历史文化造就了部落成员世代对酋长的效忠，这种效忠关系同时表现在政治和宗教双重层面。建国后，统治者通过大力挖掘部落文化遗产、强调部落历史沿革等举措提醒民众酋长世袭制合法性的历史根源。同时，国家在酋长的带领下在短时间内实现巨大发展，符合传统观念上部落成员对酋长的期待，这又使酋长世袭制的合法性得到进一步加强。

其次，阿联酋政府的合法性在于阿布扎比的石油收入为政府提供了稳定的财政支持，在此基础上，政府建立起全面的社会福利体系，使国民享有高质量的生活。依赖于石油租金，阿联酋没有遇到困扰大多数新兴市场国家的难题，即不能走先进行政府能力建设和发展经济，再进行社会福利建设和提高公民政治参与水平的道路，新兴市场国家的政治体系往往因不能同时解决提高政府能力、扩大参政、经济增长和经济分配等诸多问题而走向失败。

最后，阿联酋政府还获得现代国家所需的合法性。建国后，阿联酋在联邦层面建立了现代化的政府管理体系，制定了宪法，国家运转建立在遵守宪法程序的基础上。而且，新一代的阿联酋统治者意识到，在全球化和民主化浪潮中，传统基础上的合法性正在衰弱，他们已不能再像父辈那样墨守成规，因此致力于通过制度改革来获取新的合法性。哈利法总统继任后马上宣布进行政治改革，目前联邦国民议会的选举也已经制度化、常态化，人们有理由相信，未来阿联酋政治仍将向着循序渐进改革的方向发展。

（三）快速发展的经济

阿联酋快速发展的经济可能成为未来加速政治改革的催化剂。在阿联酋的经济奇迹中，投资者、企业家和越来越多的其他利益相关者将成为要求提高政治过程的透明度和问责制的主要推动者。

经济快速增长对阿联酋政治发展的影响主要体现在催生出更多的社团性利益集团。近年来，阿联酋致力于发展非石油产业和参与经济全球化，伴随着经济改革和国际组织的加入，由经济利益驱动的相对独立的社会团体已经在阿联酋出现，从某种程度来讲，我们可以将其视为市民社会的雏形。在阿联酋的自由区，没有本地担保人的外资公司数量日益增多，这些企业支持民主实践，通过选举产生董事会和其他机构。这些企业雇用了许多当地员工，他们与阿联酋国内经济和社会的互动越来越多，他们的存在正在超越自由区，为阿联酋本地企业带来示范效应。本地公司及其雇员无疑将成为未来包括民间社团在内的地方组织兴起的主要力量。

随着非石油部门成功获得外国投资，阿联酋与越来越多的国家建立了全球伙伴关系，并加入世界贸易组织和国际劳工组织，阿联酋政府同意制定一个改善监管机构、致力于国际治理标准的路线图。加入世贸组织后，阿联酋公共和私营部门的透明度和问责制都有所加强。此前，联邦法律不允许工人进行任何形式的集体谈判，白领雇员可以组织一定形式的员工社团，提出与工作相关的问题并向政府抗议，而对蓝领工人来说，提出任何形式的抗议都会被处以监禁或驱逐出境。但加入国际劳工组织以来，阿联酋遵守该组织的一系列公约，允许一些非常活跃的非正式工人协会存在。

阿联酋通过建造独立产权的豪华公寓吸引外国投资，因而无法阻止住宅协会的形成。居住在这些高档住宅的外国人开始对城市规划的不透明性表示担忧，他们担心，如果政府在他们所住的地方修建新的高速公路或高楼大厦，他们的投资和生活方式可能会受到不利影响。

此外，经济快速增长对阿联酋政治发展的影响还体现在促使政府放松对媒体和互联网的管控上。为创造有利于从事高科技研究的公司以及高等教育机构的环境，阿联酋不得不放松对国内媒体和互联网的控制。尽管仍有互联网代理服务器限制对某些网站的访问，但许多新开发的房地产、自由区和大学都在这个系统之外运作，并且在实践中可以不受限制地进入互联网。在接下来的几年里，这种互联网自由很可能会扩展到阿联酋的所有居民。

（四）复杂多变的外部环境

建国之初，阿联酋注重通过协商的方式解决地区争端，与海湾国家及其他伊斯兰国家建立了良好的关系，赢得较为有利的外部条件。当今阿联酋的对外政策由三条主线构成，一是以军事关系为依托，深入发展与美国的安全合作，与美国建立坚定的合作伙伴关系。阿联酋已成为美国在中东十分重要的合作伙伴之一，阿美关系是阿联酋对外关系的重中之重。二是坚持打击宗教势力、支持世俗力量的周边外交政策。2010年底的中东剧变以来，阿联酋在对外关系上日趋强势，频频介入地区冲突，正是基于这方面的原因。阿联酋与卡塔尔、伊朗关系紧张，与沙特关系密切也是因为不满于卡塔尔对穆兄会的支持、伊朗不断对外输出什叶派影响力。但2018年以来阿联酋对外政策重回务实路线，与周边"敌对"国家关系趋于缓和。三是注重发展与欧亚国家的经贸能源关系，以经贸带动政治外交关系的发展。目前来看，依靠美国的支持和与沙特的结盟，阿联酋的整体外部条件较为良好。但阿联酋处在地区冲突的风暴眼，中东地区的结构性矛盾不会轻易改变，同时面临域外大国势力介入的风险，对"小国大抱负"的阿联酋来说，未来外部环境仍然存在挑战。

三、阿联酋发展模式面临的挑战

（一）政治制度方面

虽然阿联酋在政治发展的过程中不断分化出新的政治结构，但要达到政治体系功能的有效履行，就必须不断地生成与完善体系、过程和政策三个层次的所有结构组成部分。[1] 而在过程层次的结构分化中，阿联酋的政治体系还没有分化出如社团性利益集团的专门角色。公民个人的发展前景与其家族和所属部落密切相关，正是由于家族和部落社会网络具有完整性，阿联酋公民对正式的社会支持组织要求不高。但是，未来随着城市化

---

[1] 陈剩勇、钟冬生：《论阿尔蒙德的政治发展理论》，《浙江大学学报（人文社会科学版）》2007年第5期，第74页。

进程的加速和时代的发展，人们居住和工作的范围越来越广，家族与个人之间的联系不再像过去那样密不可分，部落社会面临解体，这为阿联酋公民提供了加入现代社会组织以分享共同利益的契机。如上文所述，经济的快速发展已经使一些专门从事利益表达的社团发挥作用，未来阿联酋政府不得不重视这些社团的发展，正视其提出的要求，并放宽法律方面的管制。

（二）政治参与方面

近年来阿联酋政府在扩大公民政治参与方面尝试的收获不大，至今已举行的4次联邦国民议会选举中，除第一次投票率较高外，后三次的投票率都不太理想，很多公民对选举缺乏兴趣。这主要是传统的社会文化、选举团制度的不透明性以及阿联酋国民议会没有发挥出应有的作用等原因共同造成的。基于协商妥协、效忠酋长的传统政治文化，阿联酋对竞争性选举的基本机制缺少适应，因此现阶段提高政治参与度的关键在于将现代民主制度与传统社会结构相结合，将正式的选举制度建立在部落长老和公民相互负责的基础上。阿联酋的特殊国情决定了这绝非易事，政治文化的改变也不是一朝一夕就能完成的，未来阿联酋在民主化的道路上需要尽快出台符合国情的具体措施。

（三）政治改革方面

亨廷顿曾指出，传统君主政体的稳定所受到的威胁，不是来自外部，而是来自内部。① 当前的阿联酋正是如此，合法的公共秩序已经建立，经济已发展至较高水平，不同于老一辈阿联酋人对统治者的感恩，年轻一代的阿联酋公民出生在高福利的国家，他们对政府拥有更高的期待和更少的妥协。为了防止革命和继续获得合法性，阿联酋的统治者也开始进行政治

---

① ［美］塞缪尔·P. 亨廷顿著，王冠华等译：《变化社会中的政治秩序》，上海人民出版社2017年版，第129页。

改革。虽然改革在初期取得一定的成绩，但随着未来改革的深化，阿联酋的统治者终将面临所有试图推进政治改革的君主都会面临的难题，即如何在传统势力和新兴政治力量之间取得平衡。阿联酋国内的自由主义者已经对改革步伐的缓慢提出批评，改革意味着更广泛的政治参与，只有让各种社会集团参与政治，统治者才能获得更长远的合法性，因此未来如何将缺乏参政途径的中产阶级整合进国家政治进程，也成为摆在阿联酋政府面前的一大难题。

（四）经济转型方面

在海湾产油国中，阿联酋在经济多样化和可持续化发展方面走在前列，未来阿联酋将向知识经济转型。根据2014年数据显示，油气产业在阿联酋国内生产总值中所占的比例为34.3%，远远超过其他经济部门。非石油产业国内生产总值增长为8.1%，超过整体国内生产总值涨幅，[①] 这表明阿联酋的经济已日趋多元化。尽管如此，当前油气产业仍是阿联酋最重要的经济生产部门。因此，未来阿联酋经济转型受国际油价影响较大，如果国际油价持续走低，阿联酋政府财政赤字有所增加，未来政府将不得不紧缩预算，并改革在社会福利方面的支出。此举有可能动摇维持阿联酋社会稳定的支柱，引发社会冲突。阿联酋的经济转型在短期内面临一定困难，但有利于实现长远发展。

（五）平衡发展方面

据报道，2011年阿布扎比人均国内生产总值达到11万美元，迪拜为41670美元，而哈伊马角仅为21897美元。[②] 北部酋长国在基础设施建设上远远落后于阿布扎比和迪拜，进入21世纪，沙迦和富查伊拉还面临电力和

[①] الاقتصاد، البوابة الرسمية لحكومة دولة الإمارات العربية المتحدة، https://www.government.ae/ar-ae/about-the-uae/economy. （上网时间：2018年2月12日）

[②] "Economic Divide Fosters Discontent in Northern Emirates", Gulf States Newsletter, Vol. 37, No. 950, July 4, 2003, p. 8.

汽油短缺的困难。同时，在失业率方面，北部酋长国也远远高于全国平均水平，来自北部酋长国的公民在寻求政府部门或国有公司工作职位时常会受到歧视。在南北方酋长国公民社会和经济地位不平等的背景下，倡导公平的改革与社会指导协会在北部酋长国找到突破口，哈伊马角更是改革与社会指导协会的大本营。北部酋长国在对待伊斯兰政治团体方面与联邦政府渐有离心之势。因此，发展不平衡问题已经成为阿联酋发展道路上面临的较大挑战。

四、阿联酋发展模式与中阿合作

如上文所述，近年来中国已经成为阿联酋最大的贸易合作伙伴，中阿双方在能源、基础设施、贸易等领域开展了密切合作。结合阿联酋注重加强与全球合作伙伴的经贸关系，以及为发展多元经济积极推动与东方国家的合作等政策，未来中国与阿联酋的合作应该以经贸领域的合作为基石，以经贸合作进一步加强政治互信，从而推动双边关系的全面发展，实现互利共赢，不断深化与阿联酋的全面战略伙伴关系。

在政治交往方面，阿美关系仍是阿联酋对外政策的重中之重，阿联酋作为一个动荡地区的小国，需要借助美国的军事力量应对来自伊朗等地区大国的军事威胁，因此虽然美国自奥巴马政府就开始实行全球战略重心东移的政策，但阿美关系在短时间内仍难以撼动。同时应该看到，阿联酋并不愿意充当大国势力的代理人，在一些国际问题上具有自主性。

中国在中东地区问题上一贯秉承客观公正的立场，切实发挥联合国常任理事国的作用，呼吁各方通过和平谈判、友好协商的方式解决冲突，维护中东地区的和平与稳定。而且，鉴于阿联酋积极介入地区反恐的军事行动，中国可与阿联酋就反恐问题达成共识，深化合作。

在经贸合作方面，阿联酋与中国在经济上互补，阿联酋的经济转型需要大量外国投资，因此中国与阿联酋在经贸领域的合作大有可为。除了在传统经贸领域继续加深合作外，未来中国还可在金融、旅游和新能源等领域加大与阿联酋的合作。同时，鉴于阿联酋采用英美国家的市场准入标准与操作规范，中国企业在开展对阿联酋业务的时候还要做好前期调研，合理把控风险，提升自身竞争力。

主要参考文献

（一）中文

1. 艾林：《当代沙特阿拉伯王国的社会不稳定因素研究》，北京外国语大学博士学位论文，2013年。

2. 蔡伟良：《阿联酋文化事业发展现状研究》，《阿拉伯世界研究》2006年第2期。

3. 蔡伟良、陈杰：《当代阿拉伯联合酋长国社会与文化》，上海外语教育出版社2007年版。

4. 陈鸿瑜：《政治发展理论》，台北桂冠图书股份有限公司1987年版。

5. 陈杰：《海湾外籍劳务现状及其发展趋势》，《阿拉伯世界研究》2007年第5期。

6. 陈剩勇、钟冬生：《论阿尔蒙德的政治发展理论》，《浙江大学学报（人文社会科学版）》2007年第5期。

7. 丁隆：《阿拉伯君主制政权相对稳定的原因探析》，《现代国际关系》2013年第5期。

8. 董漫远：《也门变局及其影响研究》，《阿拉伯世界研究》2011年第6期。

9. 哈全安：《中东国家的现代化历程》，人民出版社2006年版。

10. 黄民兴：《石油收入的地租性及其对中东产油国的影响》，《西北大学学报（哲学社会科学版）》1998年第4期。

11. 黄振：《阿拉伯联合酋长国》，社会科学文献出版社2015年版。

12. ［美］加布里埃尔·A. 阿尔蒙德、小G. 宾厄姆·鲍威尔著，曹沛霖等译：《比较政治学——体系、过程和政策》，上海译文出版社1987年版。

13. ［美］加布里埃尔·A. 阿尔蒙德、小G. 宾厄姆·鲍威尔、拉塞尔·J·多尔顿等著，顾肃等译：《当今比较政治学：世界视角》，中国人民大学出版社2014年版。

14. ［美］加布里埃尔·A. 阿尔蒙德、西德尼·维巴著，张明澍译：《公民文化——五个国家的政治态度和民主制》，商务印书馆2014年版。

15. 蒋传瑛：《阿联酋旅游业发展模式研究》，《阿拉伯世界研究》2011年第5期。

16. 李俊清、孙婷、姚伟达：《阿拉伯联合酋长国政府与政治》，世界知识出版社2012年版。

17. 李良栋、侯少文、刘春主编：《新编政治学原理》，中共中央党校出版社2001年版。

18. 刘彬：《建构主义视角下的海湾六国安全共同体研究》，上海外国语大学博士学位论文，2013年。

19. 刘月琴：《论伊斯兰政治文化功能（上）》，《西亚非洲》2008年第4期。

20. ［美］鲁恂·W. 派伊著，任晓等译：《政治发展面面观》，天津人民出版社2009年版。

21. 穆罕默德·本·拉希德·阿勒马克图姆著，张宏、薛庆国等译：《我的构想——迎接挑战 追求卓越》，外语教学与研究出版社2007年版。

22. 彭树智：《伊斯兰教与中东现代化进程》，西北大学出版社1997年版。

23. 彭树智主编：《中东国家通史·海湾五国卷》，商务印书馆2007年版。

24. ［阿联酋］萨里姆、马斯佳：《阿联酋高等教育发展的现状、特色与趋势研究》，《比较教育研究》2015 年第 12 期。

25. ［美］塞缪尔·P. 亨廷顿著，王冠华等译：《变化社会中的政治秩序》，上海人民出版社 2008 年版。

26. 田文林：《抗拒与变迁——中东经济现代化的多维透视》，《阿拉伯世界研究》2001 年第 3 期。

27. 仝菲：《阿拉伯联合酋长国现代化进程研究》，西北大学博士学位论文，2010 年。

28. 汪卫华：《从公民文化到价值观变迁——西方政治文化实证研究的经验》，《国际政治研究》2008 年第 2 期。

29. 王惠岩：《政治学原理》，高等教育出版社 1999 年版。

30. 王林聪：《当代中东伊斯兰国家民主化若干问题研究》，中国社会科学院研究生院博士学位论文，2003 年。

31. 王琼：《海湾国家合作委员会将何去何从？——探析卡塔尔断交风波对其影响》，《当代世界》2017 年第 10 期。

32. 王浦劬：《政治学基础》，北京大学出版社 1995 年版。

33. 王铁铮主编：《世界现代化历程·中东卷》，江苏人民出版社 2009 年版。

34. 吴晓芳：《纳哈扬家族和阿布扎比酋长国》，《世界知识》2010 年第 5 期。

35. 吴晓芳：《马克图姆家族和迪拜酋长国》，《世界知识》2010 年第 5 期。

36. 薛英杰：《阿联酋海洋经济研究》，《海洋经济》2015 年第 4 期。

37. 杨光斌：《政治学导论》，中国人民大学出版社 2011 年版。

38. 余崇建：《阿联酋的国家政治制度及其特点》，《西亚非洲》1992 年第 4 期。

39. 张玫：《海湾六国可持续发展及其对中国的启示》，《阿拉伯世界研究》2008 年第 3 期。

40. 张明生：《迪拜多样化经济发展研究》，北京外国语大学博士学位论文，2015年。

41. 宗良、钟红等：《迪拜债务危机爆发的原因、影响及启示》，《中国货币市场》2009年第12期。

（二）英文

1. Abdulkhaleq Abdulla, "Political dependency: The case of the United Arab Emirates", PhD Dissertation, Georgetown University, 1984.

2. AbdulKhaleq Abdullah, "Chosen people of the UAE", Gulf News, October 23, 2006, http://gulfnews.com/opinions/columnists/chosen-people-of-the-uae-1.261453.

3. Abdulkhaleq Abdullah, "UAE discourse on democracy", Gulf News, June 22, 2011, http://gulfnews.com/opinions/columnists/uae-discourse-on-democracy-1.824858.

4. Abdullah Omran Taryam, "The Establishment of the United Arab Emirates 1950-1985", London: Croon Helm, 1987.

5. Adam Hanieh, "Capitalism and class in the Gulf Arab States", New York: Palgrave Macmillan, 2011.

6. Aghaddir Ali, "Election Decision for Sharjah Consultative Council Hailed", Gulf News, June 10, 2015, http://gulfnews.com/news/uae/government/election-decision-for-sharjah-consultative-council-hailed-1.1533147.

7. Ali Mohammed Khalifa, "The United Arab Emirates: Unity in Fragmentation", London: Croon Helm, 1979.

8. Ali Tawfik al-Sadik, "Evolution and Performance of the UAE Economy 1972-1998", in Ibrahim al-Abed and Peter Hellyer (eds.), United Arab Emirates: A New Perspective, London: Trident Press, 2001.

9. Anthony Shadid, "A Dearth of Politics in Booming Dubai", The Wash-

ington Post, May 22, 2007, http://www.washingtonpost.com/wpdyn/content/article/2007/05/21/AR2007052101725_3.html.

10. Archibald Lamb, "Annual Review of Events in Abu Dhabi in 1965", in Robert Jarman, Political Diaries of the Arab World: The Persian Gulf. Volume 24: 1963 – 1965, Chippenham: Archive Editions, 1998.

11. Bertelsmann Stiftung, "BTI 2016 — United Arab Emirates Country Report", Gütersloh: Bertelsmann Stiftung, 2016.

12. Christian Koch, "Economic trumps politics in the United Arab Emirates", in Mary Ann Tetreault, et al. (eds), Political Change in the Arab Gulf States: Stuck in Transition, Boulder and London: Lynne Rinner, 2011.

13. Christopher M. Davidson, Peter Mackenzie Smith, "Higher Education in the Gulf States: Shaping Economies, Politics and Culture", London: Saqi Books, 2008.

14. Christopher M. Davidson, "Dubai: The Vulnerability of Success", New York: Columbia University Press, 2008.

15. Christopher Davidson, "Diversification in Abu Dhabi and Dubai: The Impact of National Identity and the Ruling Bargain", in Alanoud Alsharekh and Robert Springborg (eds.), Popular Culture and Political Identity in the Arab Gulf States, London: Saqi Books, 2008.

16. Christopher Davidson, "The United Arab Emirates: Economy First, Politics Second", in Joshua Teitelbaum (ed.), Politics Liberalization in the Persian Gulf, London: Hurst & Co, 2009.

17. Christopher M. Davidson, "Dubai and the United Arab Emirates: Security Threats", British Journal of Middle Eastern Studies, Vol. 36, No. 3, 2009.

18. Colliers International, "Global Office Real Estate Review Midyear 2007", January 2007.

19. Courtney Freer, "The Muslim Brotherhood in the United Arab Emirates: Anatomy of a Crackdown", Middle East Eye, December 17, 2014, ht-

tps：//www. middleeasteye. net/big – story/muslim – brotherhood – emirates – anatomy – crackdown.

20. David Taylor – Evans, Daniel Coyne, "United Arab Emirates Yearbook 2013", Dubai: Elite Media, 2013.

21. Donald Hawley, "The Trucial States", London: Allen & Unwin, 1970.

22. Emirates News Agency, "UAE Freezes Prices of 400 Major Commodities", Emirates 24/7, May 27, 2011, http：//www. emirates247. com/news/emirates/uae – freezes – prices – of – 400 – major – commodities – 2011 – 05 – 27 – 1. 397963.

23. Emirates News Agency, "Salaries of UAE Federal Staff Raised by 100%", Emirates 24/7, November 30, 2011, http：//www. emirates247. com/news/emirates/salaries – of – uaefederal – staff – raised – by – 100 – 2011 – 11 – 30 – 1. 430917.

24. Emirates News Agency, "UAE Approves Dh49. 1 Billion Draft Budget for 2015", Khaleej Times, October 14, 2014, https：//www. khaleejtimes. com/article/20141013/ARTICLE/310139948/1010.

25. Emirates News Agency, "UAE Cabinet Approves Dh248b Federal Budget for 2017 – 2021", Gulf News, October 30, 2016, http：// gulfnews. com/news/uae/government/uae – cabinet – approves – dh248b – federal – budget – for – 2017 – 2021 – 1. 1921185.

26. Fadi Salem, "The Arab Social Media Report 2017: Social Media and the Internet of Things: Towards Data – Driven Policymaking in the Arab World", Vol. 7, Dubai: MBR School of Government, 2007.

27. Fadi Salem, "Enhancing Trust in e – Voting Through Knowledge Management: The Case of the UAE", Dubai School of Government Research Paper, June 2007.

28. Fahim bin Sultan Al Qassemi, "A Century in Thirty Years: Sheikh Zayed and the United Arab Emirates", Middle East Policy, Vol. 6,

No. 4, 1999.

29. Fatma al - Sayegh, "Post - 9/11 Changes in the Gulf: The Case of the UAE", Middle East Policy, Vol. 11, 2004.

30. Frauke Heard - Bey, "The United Arab Emirates: A Quarter Century of Federation", in Michael Hudson (ed.), Middle East Dilemma: The Politics and Economics of Arab Integration, New York: Columbia University Press, 1988.

31. Frauke Heard - Bey, "The United Arab Emirates: Transition in a Federal State, Occasional Paper 20", London: Centre for Near and Middle Eastern Studies, School for Oriental and African Studies, 2001.

32. Frauke Heard - Bey, "The United Arab Emirates: Statehood and Nation - Building in a Traditional Society", Middle East Journal, Vol. 59, No. 3, 2005.

33. Frauke Heard - Bey, "From Trucial States to United Arab Emirates", Dubai: Motivate Publishing, 2007.

34. Gaurav Sharma, "UAE's Oil Storage Hub of Fujairah Taking on Established Ports", Forbes, October 6, 2015, https://www.forbes.com/sites/gauravsharma/2015/10/06/uaes-oil-storage-hub-of-fujairah-taking-on-established-ports/.

35. Gillian Sarah Duncan, "Banking on China's Global Ambitions", Gulf News, March 5, 2018, http://gulfnews.com/business/sectors/banking/banking-on-china-s-global-ambitions-1.2156472.

36. Hassan Hamdan al - Alkim, "The Foreign Policy of the United Arab Emirates", London: Saqi Books, 1989.

37. Jacqueline Armijo, "DragonMart: The Mega - Souk of Today's Silk Road", Middle East Report, No. 270, Spring 2014.

38. J. E. Peterson, "The Future of Federalism in the United Arab Emirates", in H. Richard Sindelar Ⅲ and J. E. Peterson (eds), Crosscurrents in the

Gulf: Arab Regional and Global Interests, London: Routledge, 1988.

39. Jennifer Bell, "The State of the UAE's Health: 2016", Gulf News, January 24, 2016, http://gulfnews.com/gn-focus/special-reports/health/the-state-of-the-uae-s-health-2016-1.1658937.

40. Jim Krane, "City of Gold - Dubai and the Dream Capitalism", New York: Picador, 2009.

41. Kareem Shaheen, "Dubai's Iranian Traders Feel Heat of Sanctions", The National, September 24, 2010, https://www.thenational.ae/uae/dubai-s-iranian-traders-feel-heat-of-sanctions-1.53521.2.

42. Karen E. Young, "The Political Economy of Energy, Finance and Security in the United Arab Emirates: Between the Majilis and the Market", New York: Palgrave Macmillan, 2014.

43. Kenneth Katzman, "The United Arab Emirates (UAE): Issues for U.S. Policy", Washington, D.C.: Congressional Research Service Report for Congress, December 8, 2008.

44. Khaled Almezaini, "Private Sector Actors in the UAE and Their Role in the Process of Economic and Political Reform", in Steffen Hertog, Giacomo Luciani, and Marc Valeri (eds), Business Politics in the Middle East, London: Hurst & Co, 2013.

45. Khalifa Rashid Al Sha'ali, "The Native's Right to Citizenship", Gulf News, March 6, 2012, http://gulfnews.com/opinions/columnists/the-native-sright-to-citizenship-1.990496.

46. Kristian Coates Ulrichsen, "The UAE: Holding Back the Tide", Open Democracy, August 5, 2012, http://www.opendemocracy.net/kristian-coates-ulrichsen/uaeholding-back-tide#_ftn2.

47. Kristian Coates Ulrichsen, "The United Arab Emirates: Power, Politics and Policy-Making", London: Routledge, 2016.

48. Marta Saldaña Martín, "Rentierism and Political Culture in the United

Arab Emirates", PhD Dissertation, University of Exeter, 2014.

49. K. T. Abdurabb, "First UAE Election Report Released", Arab News, May 10, 2007, http://www.arabnews.com/node/298212.

50. L. I. Al – Gazali, A. Bener, Y. M. Abdulrazzaq, R. Micallef, A. I. Al – Khayat and T. Gaber, "Consanguineous Marriages in the United Arab Emirates", Journal of Biosocial Science, Vol. 29, No. 4, 1997.

51. Linda Low, "Abu Dhabi's Vision 2030", Singapore: World Scientific Publishing Co., 2012.

52. Lori Plotkin Boghardt, "The Muslim Brotherhood on Trial in the UAE", The Washington Institute Policy Watch, No. 2064, April 12, 2013.

53. Malcolm C. Peck, "Formation and evolution of the federation and its institutions", in Ibrahim al – Abed and Peter Hellyer (eds.), "United Arab Emirates: A New Perspective", London: Trident Press, 2001.

54. Mansour al – Noqaidan, "Muslim Brotherhood in UAE: Expansion and Decline", Dubai: Al Mesbar Center for Studies and Research, 2012.

55. Mariam M. Al Serkal, "Dubai Plans for 25m Visitors for World Expo 2020", Gulf News, March 26, 2014, http://gulfnews.com/news/uae/government/dubai – plans – for – 25m – visitors – for – world – expo – 2020 – 1.1309183.

56. Mary Achkhanian, "First Woman Chairperson of Sharjah Consultative Council Elected", Gulf News, February 11, 2016, http://gulfnews.com/news/uae/government/first – woman – chairperson – of – sharjah – consultative – council – elected – 1.1670436.

57. Maureen Lynch, "United Arab Emirates: Nationality Matters", Refugees International, January 12, 2010, http://refugeesinternational.org/blog/united – arab – emirates – nationalitymatters#sthash.XdRzcvvB.dpuf.

58. May Al – Dabbagh and Lana Nusseibeh, "Women in parliament and politics in the UAE", in "Women, Leadership and Development in the Middle

East", Dubai School of Government Report for Ministry of State for Federal National Council Affairs, 2009.

59. Michael Herb, "A Nation of Bureaucrats: Political Participation and Economic Diversification in Kuwait and the United Arab Emirates", International Journal of Middle East Studies, Vol. 41, No. 3, 2009.

60. Michele J. Sison, FNC Elections: "Political Participation, not Democracy", Wiki Leaks, June 27, 2006, https://www.wikileaks.org/plusd/cables/06ABUDHABI2655_a.html.

61. Middle East Research Institute, "The United Arab Emirates", London: Routledge, 2015.

62. Miriam Cooke, "Tribal Modern: Branding New Nations in the Arab Gulf", Berkeley, CA: University of California Press, 2014.

63. Mohammed Morsy Abdullah, "The United Arab Emirates: A Modern History", London: Croon Helm, 1978.

64. Natasha Ridge, "The hidden gender gap in education in the UAE", Dubai School of Government Policy Brief, No. 12, 2009.

65. The National Commission on Terrorist Attacks Upon the United States, "The 9/11 Commission Report: Final Report of the National Commission on Terrorist Attacks upon the United States", 2004.

66. Neil Partrick, "Nationalism in the Gulf States", Research Paper, Kuwait Programme on Development, Governance and Globalisation in the Gulf States, 2009.

67. Ola Salem, "Some FNC Members Unhappy with Pace of Current Term", The National, March 17, 2015, https://www.thenational.ae/uae/government/some-fnc-members-unhappy-with-pace-of-current-term-1.87987.

68. Omar AlShehabi, "Migration, Commodification, and the 'Right to the City'", in Abdulhadi Khalaf, Omar AlShehabi, and Adam Hanieh (eds.),

"Transit States: Labour, Migration & Citizenship in the Gulf", London: Pluto Press, 2015.

69. Peter Hellyer, "Evolution of UAE Foreign Policy", in Ibrahim al - Abed and Peter Hellyer (eds.), "United Arab Emirates: A New Perspective", London: Trident Press, 2001.

70. Rajiv Chandrasekaran, "In the UAE, the United States Has a Quiet, Potent Ally Nicknamed 'Little Sparta'", The Washington Post, November 9, 2014, https://www.washingtonpost.com/world/national - security/in - the - uae - the - united - states - has - a - quiet - potent - ally - nicknamed - little - sparta/2014/11/08/3fc6a50c - 643a - 11e4 - 836c - 83bc4f26eb67_story.html.

71. Rayeesa Absal, "Emirati Parents Prefer Private Schools, Report Says", Gulf News, December 16, 2011, http://gulfnews.com/news/uae/education/emirati - parents - prefer - private - schools - report - says - 1.951837.

72. Roberta Pennington, "Shorter Work Hours and Patriotism Main Reasons Emiratis Prefer Public-Sector Jobs: Study", The National, December 30, 2016, https://www.thenational.ae/uae/government/shorter - work - hours - and - patriotism - main - reasons - emiratis - prefer - public - sector - jobs - study - 1.202046.

73. Rosemarie Said Zahlan, "The Origins of the United Arab Emirates: A Political and Social History of the Trucial States", London-New York: Macmillan, 1978.

74. Simeon Kerr, "UAE Offers Poorer Emirates $1.5bn", Financial Times, March 2, 2011, http://www.ft.com/intl/cms/s/0/d65660aa - 44f6 - 11e0 - 80e7 - 00144feab49a.html#axzz2ymB2X8Do.

75. Sultan Al Qassemi, "In the UAE the Only Tribe Is the Emirati", Gulf News, December 1, 2013, http://gulfnews.com/opinions/columnists/in - the - uae - the - only - tribeis - the - emirati - 1.1261996.

76. Sultan Sooud Al Qassemi, "A Window on FNC Political Scenarios",

Gulf News, August 8, 2011, http：//gulfnews.com/opinions/columnists/a-window-on-fnc-politicalscenarios-1.848543.

77. Sultan Sooud Al Qassemi, "Political Islamists Arouse Suspicion", Gulf News, May 20, 2012, http：//gulfnews.com/opinions/columnists/political-islamists-arouse-suspicion-1.1024949.

78. Theodore Karasik, "UAE People & Politics：Nodal Policy in East Africa", The National, June 18, 2015, https：//www.thenational.ae/uae/government/uae-people-politics-nodal-policy-in-east-africa-1.96006.

79. United Arab Emirates Ministry of Economy, "The Annual Economic Report 2015".

80. Washika Haak-Saheem, "The Notion of Expatriation in the United Arab Emirates：A Contextual Perspective", Cross Cultural Management, Vol.16, No.3, 2016.

81. William A. Rugh, "The Foreign Policy of the United Arab Emirates", Middle East Journal, Vol.50, No.1, 1996.

82. Zogby International, "Arab Views of Leadership, Identity, Institutions and Issues of Concern：Zogby Middle East Opinion Poll 2007", 2008, http：//b.3cdn.net/aai/fcfdd7d381f6fec231_iwm6iy4ty.pdf.

83. Zogby Research Services, "Political Concerns and Government", 2011, http：//www.zogbyresearchservices.com/index/.

（三）阿文

1.أحمد شكر الصبيحي، مستقبل المجتمع المدني في الوطن العربي، مركز دراسات الوحدة العربية، بيروت، 2000.

2. أديب نعمة، الدولة الغنائمية والربيع العربي، دار الفارابي، بيروت، 2014.

3.إمارة الشارقة، البوابة الرسمية لحكومة دولة الإمارات العربية المتحدة،
https://government.ae/ar-ae/about-the-uae/the-seven-emirates/sharjah.

4.إماراتيون يرفعون رسالة لحكام الإمارات تطالب بإصلاح كلي للنظام البرلماني، https://www.ipetitions.com/petition/uaepetition71/.

5. باقر سلمان النجار، الديمقراطية العصية في الخليج العربي، دار الساقي للطباعة والنشر، بيروت، 2008.

6.تاريخ مجلس الوزراء، البوابة الرسمية لحكومة دولة الإمارات العربية المتحدة، https://uaecabinet.ae/ar/cabinet-history.

7. جون ب كيلى (تأليف)، محمد أمين عبدالله (ترجمة)، بريطانيا والخليج، وزارة التراث والثقافة، سلطنة عمان، 2017.

8. خالد البسام، يا زمان الخليج، دار الساقي للطباعة والنشر، بيروت، 2002.

9.ديفيد جارنم، أساسيات الأمن القومي تطبيقات على دولة الإمارات العربية المتحدة، مركز الإمارات للدراسات والبحوث الاستراتيجية،أبوظبي، 2000.

10.ديفيد جارنم، أمن دولة الإمارات العربية المتحدة: مقترحات للعقد القادم، مركز الإمارات للدراسات والبحوث الاستراتيجية،أبوظبي، 2000.

11.زايد والسياسة الخارجية، منشورات ديوان رئيس الدولة، الإمارات العربية المتحدة، 1991.

12.سعد محيو،مأزق الحداثة: من احتلال مصر الى احتلال العراق، مركز دراسات الوحدة العربية، بيروت، 2000.

13.طه حسين حسن، برامج الرعاية الاجتماعية في دولة الإمارات العربية المتحدة، مركز الامارات للبحوث الانمائية والاستراتيجية،أبوظبي، 1997.

14. عبدالله غلوم الصالح، الصراع الناعم في الخليج، منشورات ضفاف، بيروت، 2015.

15. عبد الرحيم عبد اللطيف الشامين، نظام الحكم والإدارة في الإمارات العربية المتحدة، مطبعة جلفار، رأس الخيمة، 1997.

16.علي محمد راشد، الاتفاقيات السياسية والاقتصادية بين امارات ساحل عمان وبريطانيا (1806-1971)، منشورات اتحاد كتاب وأدباء الامارات،الشارقة، 1989.

17.مجلس الوزراء،البوابة الرسمية لحكومة دولة الإمارات العربية المتحدة، https://www.government.ae/ar-ae/about-the-uae/the-uae-government/the-uae-cabinet.

18.المجلس الوطني الاتحادي، البوابة الرسمية لحكومة دولة الإمارات العربية المتحدة، https://www.government.ae/ar-ae/about-the-uae/the-uae-government/the-federal-national-council-.

19. محمد الرميحي، الخليج 2025، دار الساقي للطباعة والنشر، بيروت، 2008.

20.محمد مرسي عبدالله، قراءة حديثة في تاريخ دولة الإمارات العربية المتحدة، مركز الإمارات للدراسات والبحوث الاستراتيجية، أبوظبي، 2000.

21.مفهوم حكومة المستقبل، البوابة الرسمية لحكومة دولة الإمارات العربية المتحدة، https://government.ae/ar-ae/about-the-uae/the-uae-government/government-of-future/the-concept-behind.

22. موسى داوود الطريفي، تحديات وآفاق منظمات المجتمع المدني، دار فضاءات للنشر والتوزيع، عَمّان، 2015.

23.الاقتصاد،البوابة الرسمية لحكومة دولة الإمارات العربية المتحدة، https://www.government.ae/ar-ae/about-the-uae/economy.

24.نبذة عن الانتخابات السابقة ،اللجنة الوطنية للانتخابات، https://www.uaenec.ae/ar/about-us/about-fnc-elections.

25. هانس روسلينج، التنمية الصحية في دولة الإمارات العربية المتحدة، مركز الإمارات للدراسات والبحوث الاستراتيجية،أبوظبي، 2000.

26. الجهات والبرامج المعنية بالإسكان، البوابة الرسمية لحكومة دولة الإمارات العربية المتحدة،
https://www.government.ae/ar-ae/information-and-services/housing/housing-authorities-and-programmes.

27. يوسف الحسن (تحرير)، الإمارات العربية المتحدة وحقوق الإنسان، مركز الإمارات للبحوث الإنمائية والاستراتيجية، الإمارات،الشارقة،1999.

后　记

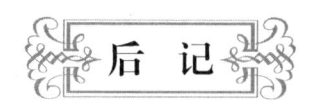

《阿联酋发展模式研究》是在博士论文的基础上修改完成的，成稿之际，不禁感慨万分。回想自博士生涯开始之际到参加工作的这几年，顿感岁月匆匆，学术道路上既有遇到问题时的艰辛，也有收获成就时的快乐。一个人的成长与进步离不开良师益友的帮助，离不开家人的支持与鼓励，因此，在本书即将付梓之时，我要表达我对师长、同事和家人由衷的感谢。

首先我要衷心感谢我的博士生导师罗林教授，感谢他长期以来对我学习、工作和生活的真诚关怀与帮助。是罗老师引导我探索阿拉伯世界的各种问题，让我从一个学术研究的门外汉到踏入阿拉伯区域国别研究的大门。在我为论文的写作反复思量、颇为踌躇之际，罗老师为我开拓思路、提供建议，从选题到最后的论文定稿都对我悉心指导，倾注了大量的心血。罗老师渊博的学识、开阔的学科视野和幽默的人格魅力深深地影响着我，他为学生无私奉献和乐观豁达的人生态度让我受益匪浅。我从罗老师那里不仅学到了国别和区域研究的专业知识，更是学到了从事研究应该掌握的方法和应有的态度。

我还要感谢在我学术道路上为我指点迷津的师长们。感谢中国社会科学院王林聪研究员、唐志超研究员，对外经济贸易大学杨言洪教授，北京外国语大学张宏教授，上海外国语大学丁隆教授，中国人民大学王宇洁教授、田文林教授，还有本校的朱立才教授、贾烈英教授和涂龙德教授，感

后 记

谢他们为我论文收集材料、开题和写作提供的大量帮助和指导。

感谢我的父母和爱人,他们给予了我太多太多的爱,正因为他们无私的支持与鼓励,我才能勇敢向前,顺利完成学业,走向工作的岗位。

感谢时事出版社的编辑老师们为本书提供的宝贵修改意见,她们为成书付出了巨大努力。作为一个外语出身的研究者,转型进入阿拉伯区域国别研究领域充满了意想不到的困难与挑战。至今我也时常感到自己在知识储备上的不足,因此本书的撰写对我来说也是一个不断学习、实践的过程。本书完成后不久,阿联酋第二任总统哈利法·本·扎耶德逝世,已实际掌权多年的穆罕默德·本·扎耶德当选为建国后的第三任总统,阿联酋正式进入"穆罕默德时代"。阿联酋在穆罕默德总统的带领下将走向何处,又将如何应对当下所面临的挑战,备受国内外学界的关注。而本书从发展政治学的角度,对阿联酋政治体系、经济转型、社会发展和对外政策作了深入的分析,希望能为解答上述问题提供一部分学术参考。然而,未来需要补充和研究的还有很多,学术之路任重道远,我也将继续关注阿联酋的最新发展。

图书在版编目（CIP）数据

阿联酋发展模式研究／史廪霏著．—北京：时事出版社，2022.12
ISBN 978-7-5195-0504-2

Ⅰ.①阿…　Ⅱ.①史…　Ⅲ.①阿拉伯联合酋长国—发展模式—研究　Ⅳ.①D738.7

中国版本图书馆 CIP 数据核字（2022）第 178894 号

出 版 发 行：时事出版社
地　　　　址：北京市海淀区彰化路 138 号西荣阁 B 座 G2 层
邮　　　　编：100097
发 行 热 线：（010）88869831　88869832
传　　　　真：（010）88869875
电 子 邮 箱：shishichubanshe@sina.com
网　　　　址：www.shishishe.com
印　　　　刷：北京良义印刷科技有限公司

开本：787×1092　1/16　印张：11.5　字数：177 千字
2022 年 12 月第 1 版　2022 年 12 月第 1 次印刷
定价：80.00 元

（如有印装质量问题，请与本社发行部联系调换）